深圳职业技术大学学术著作出版资助

中华职业教育社2023年度规划委托课题一般课题"职业院校教师发展环境、动力机制与职业能力关系的实证研究"（课题编号：ZJS2023YB37）阶段性研究成果

高职院校辅导员
职业能力及影响因素
实证研究

曾亚纯

著

湖南大学出版社 · 长沙

图书在版编目（CIP）数据

高职院校辅导员职业能力及影响因素实证研究 / 曾亚纯著. — 长沙：湖南大学出版社，2023.12

ISBN 978-7-5667-3306-1

Ⅰ.①高…　Ⅱ.①曾…　Ⅲ.①高等职业教育—辅导员—工作—研究　Ⅳ.①G718.5

中国国家版本馆CIP数据核字（2023）第237486号

高职院校辅导员职业能力及影响因素实证研究
GAOZHI YUANXIAO FUDAOYUAN ZHIYE NENGLI JI YINGXIANG YINSU SHIZHENG YANJIU

著　　者：曾亚纯

责任编辑：刘　旺

印　　装：长沙创峰印务有限公司

开　　本：787 mm×1092 mm　1/16　　印　张：15　　　字　数：224千字

版　　次：2023年12月第1版　　　印　次：2023年12月第1次印刷

书　　号：ISBN 978-7-5667-3306-1

定　　价：58.00元

出 版 人：李文邦

出版发行：湖南大学出版社

社　　址：湖南·长沙·岳麓山　　邮　编：410082

电　　话：0731-88822559（营销部）　88821251（编辑部）　88821006（出版部）

传　　真：0731-88822264（总编室）

网　　址：http://www.hnupress.com

前言

新中国成立以来，我国高度重视高校思想政治教育工作。辅导员是高等院校思想政治工作的"主力军"，1953 年清华大学创立"双肩挑"政治辅导员制度，正式拉开高校辅导员制度建设的序幕。辅导员队伍经历 70 年的发展，逐步走向职业化、专业化、专家化。近年来，党中央高度重视辅导员队伍建设，出台了一系列旨在提高辅导员能力的文件，并将辅导员能力建设提升至一个新的高度与发展阶段。

2022 年 4 月 20 日，第十三届全国人民代表大会常务委员会第三十四次会议通过《中华人民共和国职业教育法》修订，自 2022 年 5 月 1 日起施行。新职业教育法共八章六十九条，明确指出职业教育是与普通教育具有同等重要地位的教育类型，是国民教育体系和人力资源开发的重要组成部分，是培养多样化人才、传承技术技能、促进就业创业的重要途径。国家大力发展职业教育，推进职业教育改革，提高职业教育质量，增强职业教育适应性，建立健全适应社会主义市场经济和社会发展需要、符合技术技能人才成长规律的职业教育制度体系，为全面建设社会主义现代化国家提供有力人才和技能支撑。职业学校教育分为中等职业学校教育和高等职业学校教育两类。高职院校生源主要来自普通高中和职业高中，进入高职院校前，录取分数普遍较低，学生在学习、生活和自我管理等方面与普通高校学生有显著差异。高职院校学生好活动但自制力不强，独立生活能力和自我控制能力较弱；善表现但自信心不足，自我效能感低，极易出现挫败感；重自我但个性太张扬，注重自我感受及自我价值的实现，容易表现出不合群或性格乖张等现象；思维活跃，动手能力较强，但学习主动性不够，学习方法欠佳，文化基础薄弱；等等。除了生源方面的差异，我国职业高等教育在师资力量、人才培养、软硬件环境等各方面也需要提升。

高职院校学生特点的复杂性，新时期职业教育人才培养要求的不断提高，导致辅导员工作任务多元化，其现有职业能力与胜任工作要求之间存在一定距离，因此高职院校辅导员职业能力提升是摆在教育工作者面前的一个亟待解决的重要课题。相对于普通高校辅导员，高职院校辅导员更需要重视学生日常行为规范管理、自我效能提升、危机干预、就业指导等方面的工作。2019年12月10日，教育部、财政部正式公布中国特色高水平高职学校和专业建设计划（即"双高计划"）建设单位名单，职业教育进入高速发展的机遇期，高职院校辅导员队伍人员数量持续增加，但辅导员职业能力建设依然存在瓶颈。例如，辅导员始终保持时间上随叫随到、工作上事无巨细的繁忙状态，在工作职责中逐渐被边缘化，对学生的思想引领更像是学生的"保姆"；辅导员培训针对性不强，缺乏系统性和实操性；在思想政治教育过程中，辅导员不能与教育对象、社会充分融合，教育方法陈旧，线上线下开展思政教育、学生干部培养、学生日常管理、协同育人整体效果不佳；对于辅导员的考核评价始终存在着重结果、轻过程、难以量化、标准不够科学、机制不够完善等问题；在职级聘用上仍旧存在"天花板"，无法兑现待遇及福利，职称评定与辅导员的实际工作效果的关联性不强；辅导员薪酬普遍较低，社会地位普遍不高，缺乏竞争力；辅导员职业发展职业化、专业化和专家化路径模糊。

近年来，高校辅导员职业能力研究已成为教育研究的一个重要领域，但相关研究仍缺乏系统性、学科性和专业性。从研究视角看，现有研究系统性不足，对辅导员职业能力的研究需要立足全局进行整体规划，辅导员职业能力建设涉及多方面因素，社会对辅导员地位的认同、对辅导员职业化的认可，以及学校建立选拔、培训、考核机制等都需要综合考虑。从研究方法看，现有的辅导员职业能力研究以理论研究和定性分析为主，实证研究和定量分析较少。从研究内容看，当前研究对职业能力影响因素的关注不足，在职业发展能力构成维度上尚未形成共识，主要集中于研究辅导员职业能力的构成、价值和提升策略，缺乏对辅导员职业能力影响因素的探索。从政策文本看，《高等学校辅导员职业能力标准（暂行）》对辅导员职业能力构成及标准做了定位，在一定程度上明确了辅导员职业能力需要达到的标准和要求。但在具体实施过程中，由于一些条目可操作性不足，职业能力各构成要素之间缺乏关联，职业能力研究的内容没有从职业发展的角度进行深度剖析，限于局部和静态表述，层次罗列表述简单。从研究对象看，现有辅导员职业能力的研究中专门针对高职院校的研究偏少，其研究对象主要集中在本科层次的高校，缺乏针对不同类型高校、不同学生特点的对比性研究。

本研究以"高职院校辅导员职业能力"为主题，主要采用问卷调查法和文献分析法，以理论研究和实证研究相结合的方式，借鉴人职匹配理论和学生工作者职业发展阶段理论，对东、中、西部地区 7 省（自治区）15 所高职院校的 1062 名辅导员进行问卷和访谈调查。运用因子分子、多元回归分析、结构方程等计量方法，从国家政策、学校、学院、个体等维度探讨了影响辅导员职业能力的主要因素，并对辅导员职业认同的中介效应和影响路径进行了分析。在理论和实证分析的基础上，从学校政策支持、学院组织环境营造、个体能力提升等方面提出了提升高职辅导员职业能力的对策建议。主要分析和探讨以下主题：①高职辅导员职业能力构成、影响因素、提升策略，以及与本科辅导员的异同；②高职辅导员职业能力及其影响因素的界定与测量，并使用因子分析法进行探索；③对样本进行描述性统计分析，从个体和组织层面对样本进行描述，对高职辅导员职业能力进行统计及差异分析；④主要分析辅导员职业能力的影响因素及其作用路径，在多元回归分析的基础上进一步使用结构方程模型，探讨和分析职业认同的中介效应，以及薪酬满意度和离职倾向的调节效应；⑤通过国家政策、学校、学院和个体四个层面对高职院校辅导员职业能力的影响因素进行分析，提出了进一步提升辅导员职业能力，推动辅导员职业化、专业化、专家化发展，切实提升辅导员队伍的整体质量和建设水平的对策建议。

本研究在理论上有助于丰富我国思想政治教育理论，深化对高职院校辅导员职业能力理论的认识，进一步推动辅导员能力建设理论发展，形成辅导员能力提升理论指导体系；有利于深化学生工作理论，推动高职院校辅导员队伍专业化、职业化发展。在实际工作中，有利于强化对高职院校辅导员队伍的系统性培养效果；推动在高职院校中建设高水平的辅导员队伍；进一步保障高职院校人才培养质量的提升。

本研究有以下六个主要结论。

其一，国家政策的落实对辅导员职业认同和职业能力提升有积极影响。辅导员职业认同、职业能力与国家相关政策的落实程度成正比，即高校辅导员队伍建设的国家政策落实得越好，辅导员职业认同、职业能力越高。

其二，不同的人口背景和组织特征对辅导员职业认同、职业能力有显著影响。具有不同人口背景和组织特征（如性别、学历、用工方式、所带学生人数等）的辅导员，在职业认同和职业能力方面存在显著差异。但无论是具有高级职称还是无职称的辅导员，其职业能力没有显著差异。

其三，学校因素、学院因素和个体因素对辅导员职业认同、职业能力有显著影响。学校的培训和激励、学院团队环境和沟通机制、个体理论学习和职业培训等对辅导员的职业认同、职业能力均产生了显著影响。其中，个体因素影响最大，其次为学院因素，再次为学校因素。

其四，辅导员职业认同在学校因素和职业能力中发挥部分中介作用。职业意志和职业情感对基础能力的影响最大，其次为工作能力、专业能力。加入职业认同为中介变量后，辅导员职业能力有较大提升，表明职业认同发挥部分中介作用。

其五，薪酬满意度在职业认同和职业能力中发挥调节作用。职业认同与薪酬满意度的交互项呈现出显著性，且薪酬满意度作为调节变量处于不同水平时，影响幅度具有显著差异。低职业认同时，低薪酬满意度辅导员的职业能力略高于高薪酬满意度辅导员的职业能力；高职业认同时，高薪酬满意度辅导员的职业能力略高于低薪酬满意度辅导员的职业能力。但无论是有低薪酬满意度还是有高薪酬满意度，职业能力差异不会太大。

其六，离职倾向在职业认同和职业能力中发挥调节作用。职业认同与离职倾向的交互项呈现出显著性，且离职倾向作为调节变量处于不同水平时，影响幅度具有显著差异。低职业认同时，低离职倾向辅导员的职业能力高于高离职倾向辅导员的职业能力；高职业认同时，低离职倾向和高离职倾向的辅导员职业能力接近。离职倾向在辅导员职业能力中起调节作用，职业认同度高时，高离职倾向和低离职倾向辅导员的职业能力总体相差不大。

在实证研究的基础上，为促进高职院校辅导员职业能力的提升，推进辅导员专业化、职业化、专家化建设，本研究认为，一是要提高辅导员政策实施有效性，加强辅导员国家政策制定的精准性，加强政策落实的监督与评估；二是要提高辅导员人职匹配度，包括重视辅导员的科学招聘、师生比配置、性别的职业互补性以及专业延展性；三是要扩宽辅导员职业发展通道，重视建立辅导员的用工机制和科学的考核评估体系，重视辅导员的双线晋升；四是要强化辅导员全过程培养，重视辅导员的专业素质培训、各阶段培养，重视提升辅导员职业认同，重视职业培训和激励的有效作用；五是要优化辅导员成长组织环境，实施多样化措施引领和促进辅导员职业能力提升。由此，提升辅导员职业能力并加强辅导员队伍建设，培养更多担负民族复兴大任的时代新人。

曹亚纯

2023 年 8 月 16 日

目录

Contents

　　教育是国之大计、党之大计。高等教育在实现中华民族伟大复兴的历史征程中起着不容忽视的作用。党的十八大以来，以习近平同志为核心的党中央高度重视高校思想政治教育工作。2016 年，在举行的全国高校思想政治工作会议上，习近平总书记强调"高校立身之本在于立德树人""要坚持把立德树人作为中心环节，把思想政治工作贯穿教育教学全过程"，这对新时代高校思想政治教育工作提出了新的、更高的要求。①2018 年，在北京大学师生座谈会上，习近平总书记在讲话中强调"人才培养体系涉及学科体系、教学体系、教材体系、管理体系等，而贯通其中的是思想政治工作体系"，这充分说明了思想政治工作对保障人才培养质量的重要性。

　　辅导员队伍是高校思想政治教育的主体力量，在学校发展和人才培养中发挥着重要作用，是保障高校思政工作成效的"主力军"。2016 年全国高校思想政治工作会议上，习近平总书记提出："整体推进高校党政干部和共青团干部、思想政治理论课教师和哲学社会科学课教师、辅导员、班主任和心理咨询教师等队伍建设，保证这支队伍后继有人、源源不断。"辅导员队伍建设不仅关乎高等学校的办学方向，还对高校人才培养质量等至关重要。习近平总书记强调：在"培养什么样的人、如何培养人、为谁培养人"这个根本性的问题

①习近平.把思想政治工作贯穿教育教学全过程　开创我国高等教育事业发展新局面［N］.人民日报，
　2016-12-09（01）.

上，必须旗帜鲜明讲政治，坚持马克思主义的指导地位，从各级各类学校抓起、从各年龄层次学生抓起。这一系列重要论述，不仅对新时代高校思想政治工作指明了方向，还对高校辅导员队伍建设提出了具体的目标和更高的要求。

据教育部统计数据，2022 年，高等教育毛入学率 59.6%，比上年提高 1.8 个百分点。全国共有高等学校 3013 所。其中，普通本科学校 1239 所（含独立学院 164 所）；本科层次职业学校 32 所；高职（专科）学校 1489 所；成人高等学校 253 所。另有培养研究生的科研机构 234 所。各种形式的高等教育在学总规模 4655 万人，比上年增加 225 万人。全国普通、职业本专科共招生 1014.54 万人，比上年增长 6.11%。其中，普通本科招生 467.94 万人，比上年增长 5.25%。职业本科招生 7.63 万人，比上年增长 84.39%。高职（专科）招生 538.98 万人，另有五年制高职转入专科招生 54.29 万人。[①] 近年来，高职院校的数量和就读学生数量都在不断提升，为国家发展提供了强大的人力资源支持。目前，国家、地方以及高校都在不同阶段制定了各项制度，推动辅导员工作队伍的建设和发展。自中央 16 号文件和教育部第 24 号令发布以来，国家和高校高度重视和加强思想政治教育工作队伍建设。无论是高校思想政治工作专题会议的召开、出台的相关政策文件，还是普通高校、高职院校学生思想政治工作的具体实践，都充分体现出党中央对思想政治工作的高度重视，对思想政治队伍的充分肯定。

高职院校辅导员是高职院校思想政治教育工作队伍的重要组成部分，承担着高职院校学生思想政治教育、心理健康教育、职业生涯规划等重要工作，做好学生的人生导师和知心朋友，用实际行动承担起把青年学生培养成时代新人的重要使命。辅导员职业能力亦随着辅导员培训体系建设的不断加强而得以提升。新时代高职辅导员队伍要牢牢把握提高人才培养质量这个核心工作点，坚持以立德树人为中心环节，紧密围绕着当前高职院校思想政治教育工作要求，充分结合实际工作情况，全面提升自身的职业能力，更好地推进高职思想政治

---

① 数据来源：教育部网站，《2022 年全国教育事业发展基本情况》，2023 年 3 月。

高职院校辅导员职业能力
及影响因素实证研究

教育工作。基于此，如何进一步提高普通高校、高职院校辅导员队伍的职业能力是当前急需研究的重要课题。

第一节　研究背景

一、高职教育规模扩大引发人才培养质量关注

随着我国从制造大国向制造强国迈进，以及信息技术与制造业的深度融合，我国急需发展职业教育，培养大批一线高素质高技能人才，助力企业转型升级，支持中国从经济大国向经济强国转型。高职院校培养的大学生为中国走向经济强国提供重要人力资源保障，高职院校学生的培养质量关系到中国技术、中国制造乃至中国创造在世界的地位和话语权。对此，党和国家也对高等职业教育提出了新的要求。在高职院校学生专业技能提升的同时，也要确保做好高职院校学生的思想引领，切实培养符合中国特色社会主义建设要求的专业技术型人才，助力中国经济高质量发展。

较长时间以来，高等职业院校的学生培养体系存在一定问题。例如，招生批次在普通高校之后，生源整体质量不高，学生普遍存在学习、生活行为习惯养成相对较差，自我效能感低和自我认同不足，心理问题凸显，等等。学生培养要求的高质量和学生现实情况之间的矛盾，制约着高等职业院校的发展，师资、学生、教育模式三大问题是高等职业院校急需解决的问题。辅导员在高等职业院校按照普通高等教育的标准体系进行招聘和管理，但教学模式的差异性、生源的复杂性为人才培养带来严峻考验，辅导员队伍建设需要与人才培养目标高度融合，形成符合职业教育特色的辅导员队伍建设方案。

进入 21 世纪以来，在我国从科教兴国到建设人力资源强国的国家战略选择的背景下，我国高等教育经历了规模性扩张与内涵式发展阶段。2001

年，教育部印发《全国教育事业第十个五年计划》，提出"十五"期间高等教育发展的首要目标是"采取各种措施积极扩大高等教育规模"。由此，2000—2008年，我国高等院校数量进入到快速扩张阶段。其中，普通高等院校数量从1041所增至2305所，增长比例高达121.42%；高职（专科）院校的数量从442所增加至1215所，增长比例高达174.89%，由此可见，我国高职（专科）院校发展速度迅猛，成为高等教育的"半壁"江山。2010年，国家发布《国家中长期教育改革和发展规划纲要（2010—2020年）》，其中提出的"全面提高高等教育质量"目标对我国高等教育的发展具有指导性意义。由此，我国高等教育进入内涵式发展阶段，该阶段高校数量增长有所放缓，2009—2019年，普通高等院校增长383所，高职（专科）院校增长208所（图1-1）。全国在继续扩大院校规模的同时，以"质量提高"为导向进行纵向延伸与横向扩展。

在高等教育迅速发展与规模性扩张的背景下，普通高等院校和高职（专科）院校专任教师数量也在逐年增加。2000—2008年，我国普通高等教育专任教师由43.6万人增长至123.7万人，增长比例高达183.7%；高职（专科）专任教师由8.7万人增长至37.7万人，增长比例高达333.3%。由于高职（专

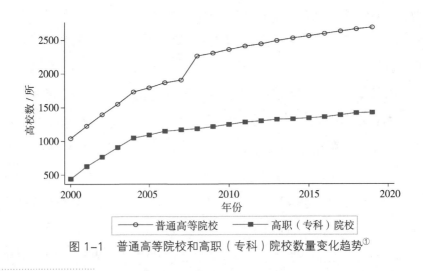

图 1-1　普通高等院校和高职（专科）院校数量变化趋势[①]

[①]高等教育相关数据均根据国家统计局每年发布的《中国统计年鉴》整理得出。图1-2、图1-3同。

科）院校扩张速度过于迅猛，师资作为配套措施，其专任教师数量增长比例尤为显著，为打造高质量教师队伍奠定了基础。但是，从普通高等院校和高职（专科）院校专任教师数量对比来看，普通高等院校教师数量明显高于高职（专科）院校教师数量，原因在于普通高等院校专任教师基数更大，院校规模更大。2009 年以后，普通高等院校和高职（专科）院校专任教师数量增长速度也在逐年放缓。2009—2019 年，我国普通高等院校专任教师数量增长 44.5万人，高职（专科）院校专任教师数量增长 11.9 万人（图 1-2）。在此阶段，国家致力于提高教师专业能力，以保障高等教育高质量发展。

近年来，国家出台各类支持职业教育发展的政策和制度，积极营造环境，推动建设具有中国特色、世界水平的现代职业教育体系。2019 年 2 月 13 日，国务院印发《国家职业教育改革实施方案》，方案指出要坚持以习近平新时代中国特色社会主义思想为指导，把职业教育摆在教育改革创新和经济社会发展中更加突出的位置，明确职业教育与普通教育是两种不同教育类型，具有同等重要地位。2020 年 1 月 18 日，教育部、财政部正式公布中国特色高水平高职学校和高水平专业建设计划名单，即职业教育"双高计划"，职业教育进入高速发展机遇期。

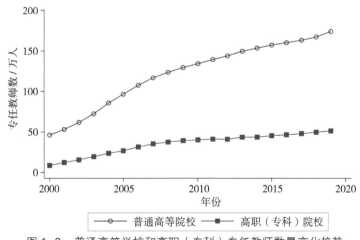

图 1-2　普通高等学校和高职（专科）专任教师数量变化趋势

与此同时，我国高等教育招生规模经历了高速发展的阶段。1999年1月，教育部、国家计划委员会（简称国家计委）联合印发《试行按新的管理模式和运行机制举办高等职业技术教育的实施意见》，提出扩大高等教育招生规模，并将招生计划增量的部分主要用于高等职业教育，专科招生人数进入了暴增的阶段。同年6月上旬，时任总理朱镕基主持召开总理办公室会议，决定大规模扩大招生规模，由此我国高等教育招生规模开始迅速攀升。2000—2008年，我国普通本专科招生数量由220.6万人增至607.7万人，增长比例高达175.5%；我国专科招生数量由48.7万人增至310.6万人，增长比例高达537.8%。2009年以后，我国普通本专科招生增长速度开始放缓。2009—2019年，我国普通本专科招生人数增加275.4万人，其中专科招生人数增加170.2万人。由此可知，专科所增加的招生人数仍然占据61.8%，高职（专科）院校居于重要地位。（图1-3）

近年来，为适应经济结构变革、职业教育改革和区域经济升级发展的客观要求，国家加大了职业教育投入。2019年12月5日，《中华人民共和国职业教育法修订草案（征求意见稿）》公开征求意见，明确指出职业高等教育是区别于普通教育的一种高等教育类型，包含高等职业学院、应用型本科学院、实

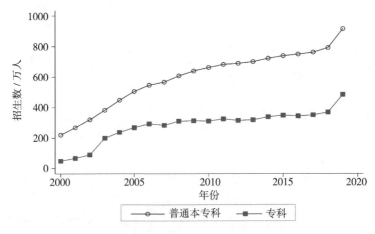

图1-3 普通本专科、专科招生数量变化趋势

用型研究生学院和技师学院。作为不同形态的高等教育，职业高等教育的教育模式和人才培养目标不同，我国职业高等教育在师资力量、人才培养力度、软硬件环境等各方面仍需要提升。我国职业高等教育起步较晚，很多高等职业院校由原来中等专业学校升格而成，没有形成固定成熟的发展模式，与产业、企业充分融合的深度还不够，教师队伍普遍来源于普通高等教育，来自企业一线和通过职教体系培养的师资整体还不够。

二、全球化、信息化发展带来高校思政工作新挑战

通过经济全球化和不间断的社会交往，参与全球发展和全球治理是我国走向现代化、国际化的必然要求。但由于中国与世界其他国家制度价值观的差异性，在经济全球化过程中，文化多元性、价值观冲突、政治体制差异等因素，在一定程度上对高校思想政治教育工作产生冲击。近年来，我国面临的国际形势日趋严峻复杂，国外各方势力通过各种途径对青年学生实施思想、文化渗透，这对高校思政教育工作带来新的、更大的挑战。对此，面对着一直以来都存在的全球化引起的价值冲突问题和复杂的国际形势，我们要始终坚持加强对各种社会思潮的辨析和引导，不当社会的旁观者，敢于对政治不正确的思想和行为发声、亮剑，始终坚定马克思主义立场，守护好中国特色社会主义这一坚强的前沿阵地。

与此同时，全球化和网络信息技术的高速发展，以及人员的全球流动，为青年学生的思想文化融合创造了有利条件，不同的价值观和信仰相互影响，不同的意识形态深刻影响着青年学生对国家和制度的认识。尤其随着5G技术的到来，全球实现了快速互联互通，这在消除空间和时间障碍的同时，也对思想政治教育工作的有效拓展和延伸提出了挑战。信息网络技术的迅猛发展，使得人们获取知识的效率得以提升、学习求索的途径得以拓宽，但同时带来了诸多思想领域的挑战。例如，受信息背后的经济利益的驱动，一些"标题党"大行其道，用一些浅层化、娱乐化的话语和形式来解读社会现实问题，逐渐降低

了信息中的思想含量和思想立场，使得人们尤其是还处于人生观、世界观和价值观形成阶段的青年学生失去应有的价值判断，给青年学生的思想形成和发展带来巨大冲击。目前各类学校中，学生对百度、谷歌等网络内容过度依赖、信任，这更是给高校网络思想政治教育带来了不小挑战。

三、新时代思政工作要求完善辅导员职业发展建设

尽管高校辅导员数量在持续增加，但辅导员的能力建设仍有较大的提升空间，亟待予以关注。结合现有文献分析，根据前期调查，笔者认为当前辅导员职业能力建设存在的主要问题如下：

1. 辅导员职业认同感不高

辅导员的价值取向、工作效果、自我效能感和离职倾向都会受到职业认同感的影响。在目前的辅导员职业认同感中，主要有以下三方面的问题：

（1）辅导员对从事职业的意愿不强烈。

虽然党和政府在不同的时期都制定了相关扶持政策以帮助辅导员队伍的建设发展。但从整体而言，辅导员在社会上的地位或是在学校的地位均不高。很多辅导员职业从业者都将这一职业作为过渡或者是不得已的选择，甚至对自己所从事的职业感到自卑，很少有因热爱而将其为作为终身职业，这影响到辅导员的职业情感。

（2）辅导员对从事职业的意志不强烈。

辅导员在开展实际工作、生活中会遇到各种各样的问题，比如工作上的困难、职称评定聘用上的压力、家庭生活中出现负面因素等都会影响和动摇辅导员工作的动力和初心。尤其是在辅导员遇到这些困难和挫折时，并没有得到及时有效的心理干预和支持，这都会导致辅导员更容易去放弃该职业或寻找其他职业。

（3）辅导员对从事职业的信念不强烈。

辅导员自身对工作的重要性和职业化、专业化发展等存在疑惑，并且把

这种疑惑带入实际的思想政治教育工作中，导致给学生带来形式主义和缺乏灵魂、情感的教育。

2. 辅导员工作"保姆化"

长期以来，辅导员工作边界模糊、负责部门多，始终保持着随叫随到、事无巨细，以及事务性工作繁重的状态。这导致辅导员在工作职责上对学生的思想引领逐渐边缘化，更像是学生的"保姆"。目前辅导员工作职责问题体现在以下四个方面：

（1）辅导员工作面临多重身份。

辅导员在承担大学生思想政治教育工作的同时，还承担着大量的事务性工作，比如学生军事训练、奖助贷补、素质课程教学、学生组织指导、宿舍卫生管理、心理健康咨询、生涯规划等，扮演多重角色。

（2）辅导员工作面临多重管理。

高校或者高职中学生主管部门一般负责辅导员的招聘、培训、考核、评聘、奖励；工作所在学院则主要负责辅导员的日常管理；同时根据不同业务归口由相关部门管理，如招生、教学、就业等。

（3）辅导员工作成效难以量化。

辅导员的一切育人工作都在潜移默化、春风化雨中进行，学生的成长也是长时间的过程，作为育人成果无法立刻显现。同时，辅导员从事的各种琐碎的事务性工作，无法及时进行有效的评价，这在一定程度上容易引发辅导员的自我否定并导致职业懈怠。

（4）辅导员工作中面临选择矛盾。

辅导员一方面有转岗的需求，另一方面也有在本岗位发展职业能力的需求。在实际工作中，辅导员本人的职业能力持续处于停摆状态，工作时间越长，消费的个人能力储备越多，使得辅导员不得不在职业生涯发展中更换职业或者自我放弃。

3. 辅导员培养"形式化"

辅导员职业能力标准不仅是辅导员准入、培养、培训、考核的重要参照，还是辅导员专业化、职业化的发展准则。目前的辅导员培训缺乏针对性、体系性、实操性等。

（1）辅导员培训工作的针对性不强。

高校对于辅导员的整体培训较为重视，但缺乏有针对性的专业培训，许多辅导员在思想政治教育、心理学、教育学、管理学等专业的支撑较为薄弱，需要增强心理咨询、生涯规划等工作技能，所以需要对辅导员开展差异化和个性化的培训。

（2）辅导员培训工作的体系性不强。

目前，辅导员培训在制度层面缺乏对系统培训的规定，培训工作随机性强。

（3）辅导员培训工作的实操性不够。

当前，辅导员的培训形式主要以理论学习、学术报告、专题讲座和工作沙龙的形式进行，是对辅导员工作进行理论性的宣教，而对于辅导员实操能力的培训较少。

4. 辅导员能力提升"瓶颈化"

面对学生出现的各类问题，辅导员不仅仅需要有职业精神和对辅导员职业的认同，更需要具备较强的职业能力，有效解决学生出现的思想问题、心理问题、学习问题以及生涯发展问题等。而辅导员职业能力的成长，是一个经验积累和专业成长相辅相成的长时间提升过程。目前，高校辅导员因个体在情绪压力管理、人际关系处理、专业能力和学科背景的差异，以及从事思想政治教育工作的实际能力上的差异等，在个体成长过程中，缺乏科学的方法和有效手段；在思想政治教育过程中，不能与教育对象、社会充分融合，教育方法陈旧，线上线下开展思政教育、学生干部培养、学生日常管理、协同育人等整体效果不佳。

5. 辅导员考核评价"唯结果论"

辅导员的考核评价是一项系统工程，涉及辅导员工作的方方面面。但在实际考核工作中，对于辅导员的考核评价始终存在重结果、轻过程、难以量化、

高职院校辅导员职业能力
及影响因素实证研究

标准不够科学和机制不完善的问题。

（1）辅导员考核评价难以量化。

辅导员面对的群体复杂多变，需要随时处理突发事件和问题，进行危机干预，同时事务性工作占据其大量工作时间，使得辅导员的工作绩效缺乏量化评价的依据和标准。

（2）辅导员考核评价有待改善。

第一，学生的发展和成长水平是辅导员工作绩效的重要表现，但学生的成长是一个复杂且长期的过程，具有间接性和滞后性；第二，辅导员评价标准是面向群体的，忽视了对辅导员个体差异性的关注；第三，每年某一固定时间节点的评价很难对辅导员的工作成效进行整体的呈现，忽视了对辅导员全过程工作的质量认定和评价。

（3）辅导员考评机制不够完善。

大多数情况下辅导员的考核主要由学校的相关职能部门进行，缺少第三方独立评价平台的介入，且一定程度上考核结果与工作升迁、职称评定、薪酬分配关联度不高。

6. 辅导员扶持政策落地"困难化"

虽然在不同层面上均出台了相关辅导员队伍建设的政策，这在宏观指导上具有一定的作用，但在政策落地的过程中仍旧困难重重。

（1）职级和职称双轨道落实不够。

在职级的聘用中仍旧存在"天花板"，无法在待遇、福利上进行兑现；职称受制于学校的整体数量限制，同时职称评定与辅导员的实际工作效果的关联性仍然不强。

（2）薪酬待遇的落实不够。

相较于专业教师薪酬体系中除工资之外还有课题、项目、培训、教学等收入来源，辅导员虽然工作时间长，需要处理和应对各种突发事件和事务性工作，但在薪酬和待遇方面少有体现。

（3）职业能力标准落地难。

辅导员在工作中具有教师和行政人员的双重身份，接受"多重领导"，承担较多兼职工作，导致辅导员职业角色认同出现偏差，教育部制定的辅导员职业能力标准落地难。

7. 辅导员职业发展路径"模糊化"

鉴于目前的辅导员工作实际，在明确辅导员职业发展职业化、专业化和专家化路径时还有很多困难。

（1）职业化存在困难。

很多人选择辅导员只是作为职业的中转站，满足短期生存需要，而不是把辅导员工作作为职业进行长期的规划，使得辅导员队伍整体缺乏稳定性，人员流失严重。

（2）专业化存在困难。

专业化需要有明确的专业标准、扎实的理论基础、丰富的知识体系和方法，但辅导员来源多样、专业背景多样，高强度、高责任、琐碎重复的事务性工作制约着辅导员进一步实现专业化发展。

（3）专家化存在困难。

培养一名专家化的辅导员需要长时间的积累。在此过程中，不仅需要事务性工作处理的经验得以提升，还需要心理学、管理学、教育学等交叉学科知识的融会贯通，掌握心理健康、生涯规划和就业指导等专业技能。但目前辅导员的发展路径较为单一，缺少精准性和个性化的培训，难以实现"专家化"的培养。

四、辅导员数量增长亟需加强辅导员队伍建设

新中国成立以来，我国高度重视高校思想政治教育工作。作为高等院校思想政治工作的"主力军"，历经70多年的发展，辅导员队伍建设逐步走向职业化、专业化、专家化阶段。近年来，党中央高度重视辅导员队伍建设，出台

高职院校辅导员职业能力
及影响因素实证研究

了一系列旨在提高辅导员能力的文件，并将辅导员能力建设提升到了一个新的高度与阶段。

通过梳理新中国成立以来党中央、国务院和教育部出台的关于辅导员队伍建设的各类文件政策，笔者总结发现，整体看，辅导员政策演变大致经历了初步建立阶段（1949—1956年）、基本形成阶段（1956—1966年）、曲折发展阶段（1966—1976年）、恢复与调整阶段（1976—1992年）、新探索阶段（1992—2004年）、专业化和职业化的开端（2004—2012年）和专业化和职业化的全面发展阶段（2012年至今）。

新中国成立之前，20世纪30年代抗日战争时期，中国人民抗日军事政治大学成立并借鉴苏联经验设立政治辅导员制度，这是我国高校政治辅导员制度发展的萌芽阶段。新中国成立后，20世纪50年代辅导员制度正式建立并初步形成，1952年教育部颁发《关于在高等学校有重点地试行政治工作制度的指示》，提出在全国高等学校设立政治工作机构，名称为政治辅导处。20世纪60—70年代，我国高等教育发展处于停滞甚至倒退阶段，思想政治教育工作被忽视。1978年4月举行的全国教育工作会议，通过"在一、二年级设立政治辅导员"的决定。

20世纪90年代开始，辅导员制度逐步完善和巩固，建立素质过硬和数量充足的辅导员队伍成为高校思想政治教育工作的重要内容。2004年，中共中央、国务院发布《关于进一步加强和改进大学生思想政治教育的意见》（简称中央16号文件），各级各类教育部门及各高校都高度重视辅导员队伍建设，在人员配备和资金方面予以支持和倾斜，积极探索辅导员职业发展的新平台和路径。在中央16号文件等的指导下，辅导员队伍建设逐步走向职业化、专业化、专家化阶段。

党的十八大以来，党中央、国务院高度重视高校辅导员队伍建设。近年来，出台了一系列辅导员队伍建设标准、待遇保障、专业素养提升等方面的政策文件（表1-1）。例如，2014年3月教育部颁发《高等学校辅导员职业能

表 1-1 国家政策梳理（2010 年至今）

年份	颁布单位	政策文本名称	政策核心要点
2013	教育部	《普通高等学校辅导员培训规划（2013—2017年)》	1. 思想政治理论教育：马克思主义基本理论和党的创新理论教育；形势与政策教育。 2. 专业素养提升：职业道德素质提升；科学文化素质提升；思想政治教育专业素质提升。 3. 职业能力培养：思想政治教育基本能力培训；大学生党建工作培训；学生事务管理培训；心理健康教育培训；运用网络能力培训；职业生涯规划培训
2014	教育部	《高等学校辅导员职业能力标准（暂行）》	1. 从初、中、高三个职业能力等级，对高校辅导员在思想政治教育、党团和班级建设、学业指导、日常事务管理、心理健康教育与咨询、网络思想政治教育、危机事件应对、职业规划与就业指导、理论与实践研究等九方面辅导员职业功能的工作内容进行规范。 2. 初级辅导员一般工作年限为 1—3 年；中级辅导员一般工作年限为 4—8 年；高级辅导员一般工作 8 年以上
2017	中共中央国务院	《关于加强和改进新形势下高校思想政治工作的意见》	1. 高校思想政治工作队伍和党务工作队伍具有教师和管理人员双重身份。 2. 加强互联网思想政治工作载体建设。 3. 健全高校思想政治工作评价体系，研究制定内容全面、指标合理、方法科学的评价体系
2017	教育部	《普通高等学校辅导员队伍建设规定》	1. 按总体上师生比不低于 1∶200 的比例设置专职辅导员岗位。 2. 落实专职辅导员职务、职级"双线"晋升要求。 3. 专职辅导员专业技术职务（职称）评聘应更加注重考察工作业绩和育人实效，单列计划、单设标准、单独评审。 4. 鼓励辅导员在做好工作的基础上攻读相关专业学位。 5. 承担思想政治理论课等相关课程的教学工作

高职院校辅导员职业能力及影响因素实证研究

续表 1-1

年份	颁布单位	政策文本名称	政策核心要点
2020	教育部等八部门	《关于加快构建高校思想政治工作体系的意见》	1.建立职级、职称"双线"晋升办法。 2.专设一定比例的正高级专业技术岗位。 3.建立完善高校专职辅导员管理岗位（职员等级）晋升制度。 4.按规定签订聘用合同，不得用劳务派遣、人事代理等方式聘用辅导员。 5.组织开展国家示范培训、海内外访学研修、在职攻读硕士、博士学位等专项计划。

力标准（暂行）》；2017年9月教育部印发《普通高等学校辅导员队伍建设规定》等。习近平总书记关于高校思想政治工作也有一系列重要指示。例如，2016年12月，习近平总书记在全国高校思想政治工作会上发表重要讲话。①2017年2月，中共中央、国务院印发《关于加强和改进新形势下高校思想政治工作的意见》，明确要求辅导员作为高校思想政治工作的主力军，要与思想政治课教师协同做好全过程育人工作，努力提升职业能力，更好地满足新时代高校思想政治工作的要求。

2020年4月22日，教育部等八部门发布《关于加快构建高校思想政治工作体系的意见》，提出要严格落实中央关于高校思政工作和党务工作队伍配备的各项指标性要求，完善高校专职辅导员职业发展体系，建立职级、职称"双线"晋升办法。学校应当结合实际情况为专职辅导员专设一定比例的正高级专业技术岗位……各高校应按照在校生总数每生每年不低于20元的标准设立思想政治工作和党务工作队伍建设专项经费，打造高素质思想政治工作和党务工作队伍。②

①吴晶，胡浩.习近平在全国高校思想政治工作会议上强调：把思想政治工作贯穿教育教学全过程　开创我国高等教育事业发展新局面［J］.中国高等教育，2016（24）.

②《教育部等八部门关于加快构建高校思想政治工作体系的意见》，教育部网站（http://www.moe.gov.cn/srcsite/A12/moe_1407/s253/202005/t20200511_452697.html）.

整体而言，高职辅导员队伍的学历层次、整体素质在不断提升，但仍旧面临着来自历史维度、现实维度、政策维度和群体维度的挑战。只有继续促进辅导员职业能力提升，加强辅导员队伍建设，才能更有效地保障高职院校人才培养质量。对此，本研究以"辅导员职业能力"作为研究对象，通过实证研究的方式去探析辅导员职业能力现状、影响因素，寻找恰当的政策支持，进行改革改进，促进新时代高职辅导员队伍的职业化、专业化和专家化，实现辅导员队伍的可持续发展。

第二节 研究目的

由于我国的高职教育存在起步较晚、区域与校际不平衡等诸多因素，高职院校的辅导员队伍建设滞后于普通高校辅导员队伍建设，辅导员队伍建设、能力提升滞后于高职教育快速发展的步伐。但是辅导员职业能力是辅导员工作实效的具体表现，体现了辅导员的工作努力和实现程度、职业胜任和发展程度，是职业发展的基础。具体而言，本研究试图从以下方面讨论辅导员职业能力的影响因素。

在当前高职院校规模扩张和学生特点不断变化的双重背景下，中共中央、国务院在政策层面对新时代大学生思想政治教育、辅导员队伍建设和职业素质提升提出了更高的要求。因此，加强对辅导员职业能力提升的研究，有利于提升社会对辅导员岗位的认可，增强辅导员自我效能感和职业认同感，并对提高辅导员队伍的专业素质、保持辅导员队伍的稳定性具有重要意义；对于学生的成长成才和全面发展，为国家培养社会主义接班人，贯彻落实科教兴国战略、人才强国和可持续发展战略，加快推进社会主义现代化具有重大价值。因此，我们需要加强对高职院校"辅导员职业能力"的研究。

基于以上理论与现实背景的分析拟定的研究目的有：

（1）分析高职辅导员职业认同与职业能力发展的现状及存在的问题。

本书拟分别针对不同特征的高职院校辅导员进行比较，重点分析不同人口特征、组织特征的高职院校辅导员在职业能力上是否存在显著差异，探索不同性别、学历、职称、工作时间、地区等的辅导员在职业能力方面是否存在显著差异。

（2）探索高职辅导员职业认同与职业能力发展的影响因素。

本书拟重点关注国家政策，学校辅导员队伍建设政策、制度和实施，二级学院辅导员队伍建设组织环境，辅导员个体学习和成长对职业能力的影响。

（3）探索高职辅导员个人的职业认同对辅导员职业能力的影响机制。

本书拟从职业认同出发，探讨辅导员职业认同对职业能力的影响作用、路径，进而为辅导员职业能力提升提供研究支撑。

（4）研究提升高职辅导员职业能力的策略。

本书拟从国家政策、学校、二级学院、辅导员个体四个方面对辅导员队伍建设和职业能力提升提出可行性建议和措施。

第三节　研究意义

一、理论意义

1. 有助于丰富我国思想政治教育理论，增强对高职辅导员职业能力的理论认识

思想政治教育学科发展数十年来，在经过长期实践、学者研究和政策关注下，思想政治教育学科理论得到了较大的发展，取得了丰硕的成果。但随着中国步入新时代，国际思想文化交流频繁、我国思想政治教育实践深入发展，学

科仍需要在新的历史发展条件下丰富其理论体系。在大学生思想政治教育工作中，辅导员承担着重要的角色，要想切实承担好这一角色，就需要不断提升辅导员职业能力。虽然有关辅导员职业能力的国家标准已经出台，但辅导员的专业化和职业化水平从整体上看仍有待提高。因此，加强对辅导员职业能力及影响因素的研究，提出辅导员职业能力提升的策略和路径，不仅对于进一步丰富思想政治教育理论体系具有重要价值，还能够不断加深高职院校对辅导员职业能力建设的理论认识。

2. 有助于进一步推动辅导员职业能力建设理论的发展，形成辅导员职业能力提升理论指导体系

"培养什么样的人、如何培养人、为谁培养人"，是高职院校思想政治教育工作的重要内容和目标，在世界格局发生重大变化和面临复杂的国内外环境下，致力于大学生思想道德和成人教育，服务于中国强盛复兴和国际竞争力提高，是高校思想政治教育工作的具体任务。通过对这些问题的研究，一方面，我们在提高辅导员的职业素养和专业能力，服务于学生的成长成才，更加有效地引导学生树立远大理想，将个人抱负与国家发展紧密结合；另一方面，高职院校也应针对辅导员能力建设中存在的问题"举一反三"，进而弥补缺陷、修正问题，并提供借鉴和建议，使得高职辅导员职业能力建设工作更加科学化。

3. 有助于深化学生工作理论，推动高职辅导员队伍专业化、职业化发展

我国目前的学生工作理论没有完全形成体系，理论研究更是缺乏系统性和科学性，特别是在高职院校学生工作理论方面更有很多不足。在人才培养中，学生的成长和成才相辅相成，专业学习培养学生的专业能力，学生工作培养学生的全面发展，且成长与成才相互渗透、同时进行。学生工作要围绕学生成长全过程中的具体问题、难点和痛点，开展理论研究，形成有学科体系的学生工作理论体系。显性的学生工作和隐性、长期性的学生成长，是学生工作的显著特点，这需要把握学生工作与学生成长、教师与学生成长两种关系，建立具有中国特色的学生工作理论体系。把学生成长成才需求作为辅导员职业能力建设的重要内容，将辅导员职业能力及影响因素的研究以提高职业能力为直接目标，最终落到做好学生的服务工作。与此同时，加强辅导员职业能力建设，也是在不断完善高职思想政治教育体系，有助于从宏观层面加强对辅导员队伍建设的指导，对高职辅导员队伍建设专业化和职业化的实践提供强有力的支持。

二、现实意义

1. 有利于强化高职辅导员队伍的体系化培养效果

一方面，有助于完善高职辅导员的准入选拔流程。通过研究结果的运用，可以将高职辅导员职业能力标准体现在招聘过程中，让即将从事辅导员工作的应聘者充分了解辅导员岗位对能力的要求。另一方面，有助于改进高职辅导员的绩效考核体系。对辅导员工作而言，就是要更加关注能力中的隐性因素对辅导员工作绩效的影响，要更加全面、客观、准确地评价辅导员工作，必须根据对初级、中级、高级等不同级别辅导员能力的要求，从学校、院系和个人三个不同的层面，建立健全科学、合理的辅导员考核指标体系和职业发展体系。[①]

2. 有助于高职院校建设高水平的辅导员队伍

要想符合新形势下思想政治教育工作的需要，推进建设一支有专业能力、高道德素养的辅导员队伍是必由之路。一方面，有利于提高辅导员的整体素质，通过采取多种途径对辅导员进行教育和培训，并通过考核、激励等措施，帮助辅导员在原有的专业背景基础上，进一步掌握学生管理相关的专业知识，如教育学、心理学、管理学等。另一方面，有利于增强辅导员工作的职业认同感，职业能力提高使得辅导员在工作中更为得心应手，对所从事的职业产生更多的愉悦感、自我实现和认同感，进而反作用于职业能力，激励辅导员自主探索职业能力提升的途径，提高辅导员队伍整体水平。

3. 有利于保障高职院校的人才培养质量提升

高职院校作为国家培养经济建设发展急需的高素质、高技能人才的重要

---

①郑德前. 新时期高校辅导员职业能力提升研究［J］.学校党建与思想教育，2015（22）：53-55.

基地，需要按照职业教育人才培养规律，创新人才培养模式。面对人才培养的高要求，辅导员作为育人的重要群体，更要提升辅导员职业能力，加强辅导员队伍建设。近些年来，我国高等职业教育事业实现了进一步发展，办学规模不断扩大，教学质量明显提升，但是在高职院校管理中学生安全问题、心理危机问题和生活问题时有发生，这威胁着高职院校的健康发展。加强辅导员职业能力及影响因素的研究，提升辅导员职业能力水平能有效解决学生的各类突发情况，有效减少校园突发事件，维护高职院校的安全稳定，推动高职院校的高质量发展。

第四节　核心概念界定

一、高职辅导员

2019年12月5日，《中华人民共和国职业教育法修订草案（征求意见稿）》，指出职业高等教育是区别于普通教育的一种高等教育类型，包含高等职业学院、应用型本科学院、实用型研究生学院和技师学院。作为不同形态的高等教育，职业高等教育的教育模式和人才培养目标不同。高职院校教师普遍来源于普通高等教育，也包含部分来自企业一线和通过职教体系培养的师资。例如，2019年教育部、财政部正式公布的"双高计划"，共有197所高职学校入选，这里面包含的学校就是当前我国拟建设的优质职业院校。本书所界定的高职院校是指当前在我国高等教育体系内的高等职业院校。

1952年，教育部颁发的《关于在高等学校有重点地试行政治工作制度的指示》中首次提到"辅导员"一词。在《辞海》和《中国大百科全书》中，辅

---

①夏征农.辞海［M］.上海：上海辞书出版社，1999：1934.
②徐家林，陶书中.高校辅导员工作新论［M］.北京：中央文献出版社，2007：4.

导员一般被定义为"中国高等学校的基层政治工作干部"。[①-②]目前，辅导员是开展大学生思想政治教育的主干力量，是高等学校思想政治教育和管理工作实施、组织和指导的重要力量和关键一环，在大学生身心健康发展、成人和成才的发展过程中扮演着重要角色。

辅导员的内涵界定也经历了不断发展的过程，其概念的转变既体现了高等教育发展的逻辑，也随具体实践而不断更新。现阶段，我国颁布的各个辅导员队伍建设文件对辅导员的要求主要包含了：辅导员要具有坚定的政治信仰和良好的政治素质，做好学生的思想引领工作，不断提高学生的思想水平，引导学生树立正确的政治观、人生观、价值观；要具备良好的常规事务处理能力，在常规的学生管理工作中，对学生有耐心，处理事务有效率，提交工作有质量；要具备基本的心理健康知识，能对学生进行心理健康的引导和教育；要具备良好的心理素质，面对学生的各种突发事件，能够冷静、及时地处理，不对自己的心理状态产生重大影响；要具备基本的职业生涯规划和就业指导的能力，帮助学生树立正确的职业观、生涯观，帮助学生顺利渡过毕业季的迷茫期；等等。

高职院校是高等教育学校的重要类型，是培养专业人才的重要场所，主要包括专科和本科两个学历的教育层次。2006年，教育部颁布的《关于全面提高高等职业教育教学质量的若干意见》提出："高等职业教育是高等教育发展中的一种类型，肩负着培养面向生产、建设、服务和管理第一线最需要的高技能人才的使命，在我国加快推进社会主义现代化进程中具有非常重要的作用。"2019年国务院印发《国家职业教育改革实施方案》，明确"职业教育与普通教育是两种不同教育类型，具有同等重要地位"，这在职业教育发展过程中具有划时代的意义。新时代职业教育必须承担起培养具有创新精神、复合型技能和完满人格人才的历史重任，培养大量服务区域发展的高素质技术技能人才、大国工匠和能工巧匠，注重德技并修、工学结合，人才培养目标由技术技能型向复合创造型转换。

高职院校学生主要来自普通高中和职业高中，进入高职院校前，录取分数普遍较低，学生在学习、生活和自我管理等方面与普通高校学生有显著差异：高职院校学生好活动但自制力不强，独立生活能力和自我控制能力较弱；善表现但自信心不足，自我效能感低，极易出现挫败感；重自我但个性过于张扬，注重自我感受及自我价值的实现，容易表现出不合群或特别张扬等现象；能力强但文化基础薄弱；思维活跃、动手能力较强，但学习主动性不够，学习方法欠佳，文化基础课成绩不够理想。

有研究指出，高职院校辅导员无论个人背景还是职业认知与角色定位、职业能力等都与普通高校辅导员有较大差距。从上述政策文本要求和具体实践来看，高职院校学生特点的复杂性、新时期职业教育人才培养的高目标都对辅导员工作内容和职业能力有较高的要求，两者存在一定距离和矛盾，因此高职院校辅导员职业能力提升有较强的迫切性。相对于普通高校辅导员，高职院校辅导员需要在学生日常行为规范管理、自我效能提升、危机干预、就业指导等方面有针对性地开展工作。

二、职业能力

人类生产劳动的发展和复杂化，衍生出专业化和社会分工，进而形成不同的职业及其对应的技能。《辞海》对职业做出的定义为："个人在社会生活中所从事的作为主要生活来源的工作。"[1]而职业能力的概念内涵则是一种综合性的概念阐释，表现为个体在进行各种各样的职业活动时，其应该具备指导各种具体工作的发展能力。这些能力需要在职业发展过程中进行统筹、协调以发挥最佳的效果。从未来个体的发展层面而言，职业能力是影响社会个体选择职业、认同职业和未来发展的关键因素。随着职业实践的发展进步，个体亦可以通过教育、学习和培训等不断提升自身的职业能力。研究和实践证明，职业能力与个人工作成就、绩效具有高度关联性，即职业能力越高，其在工作上取得更多实绩，个人职业发展机会越多，成就感随之提高。

---

① 辞海［M］.上海：上海辞书出版社，1989：4763.

职业能力是人们从事某一项职业所必备的基本能力，也是能够胜任一项工作所必须具备的一系列稳定的、综合的心理特质。[①]具体而言，职业能力是人们能够从事其职业的多种能力的综合，个体将自身所学到的知识、技能等，在特定的职业活动中，完成所要求的职业任务。从心理学中行为认知主义角度诠释，职业能力本质上就是一种职业技能行为；从人力资源管理角度诠释，职业能力指的就是一个工作岗位的胜任能力，一般分为基础性与专业性职业能力、实践能力、知识技能与情绪控制能力等。随着管理心理学的不断发展，职业能力的内涵逐渐强调从单一转为全面，从基础转为综合。[②]作为个体从事某一特定职业的前提条件，有学者提出职业能力是为了完成职业岗位职责所必备的、所需要的能力的总和，是能够满足所从事职业需要的能力总称。

三、职业认同

职业认同是由"职业"和"认同"两个词语结合在一起构成的具体概念。研究表明，职业是伴随着社会的发展和进步而产生和不断演变的。从根本上而言，职业也是社会行为的产物。认同的具体内涵则在一定程度上受到了心理学、社会学和哲学等学科的影响，其具有社会性、塑造性和共通性等基本特点。

学界关于职业认同的研究源于国外，研究领域主要集中在教师职业认同的研究方面。社会学领域的研究具有一定的代表性，例如，社会学家 Mead 将"认同"与"自我"联系起来，提出认识自我的过程也是个人不断融入社会、适应社会的过程。[③]钟文华认为职业认同是一种特质，不是所有的个体都能感受到的，并随着社会的发展和概念界定的变化不断演变。[④]2001 年学者尼米表

①翟慧根.职业素质教育论［M］.长沙：中南大学出版社，2006.
②匡瑛.究竟什么是职业能力——基于比较分析的角度［J］.江苏高教，2010（1）：131-133.
③ Mead alabasi K，Gal N，Fatani A，et al. Development and validation of a comprehensive older adult screening tool（COAST）：A practical tool for identifying malnutrition risk［J］. Journal of the Academy of Nutrition and Dietetics，2018，118（9S）.
④钟文华.高专学前教育专业学生职业认同感的现状与提升策略——以 A 师范高等专科学校为例［J］.教育导刊（下半月），2021（2）：42-48.

示职业认同是职业人的自我概念，此时职业认同才作为一个专有名词进入学者的视野，得到了众多学者的认同和研究。本书亦认同国内学者在研究中的观点，即职业认同是个体对自己所从事职业的主观看法和态度。[1]职业认同的发展是一个动态的过程，更是一种不断发展和变化的状态，这个概念最早出现在心理学研究中，其延伸发展与 Erikson 的"自我同一性"理论相关。基于此，随后学者从认同的内容进行研究，指出职业认同作为心理度量指标，是对职业团队特征的描述，[2]或认为其体现了对所从事职业的心理认可程度，即是"重要的""有吸引力的"；[3]还有研究者将职业认同放到组织群体中进行考察，认为职业认同是个体对工作、组织、单位的认同。[4]

本书在国外职业认同研究的基础上，参考刘世勇（2014）对高校辅导员职业认同划分的五个维度，着重研究辅导员对辅导员职业角色的认同和对辅导员岗位的坚持，即职业情感和职业意志。职业情感方面，主要通过他人态度、个人感受、价值尊重、个人价值、工作信心等次级维度和题项进行测量，主要反映了辅导员的社会角色体验、个人自我效能感和满足感实现程度，进而对职业产生归属感，认为所属职业对于人生价值实现具有重大意义。职业意志方面，包含困难解决、冲突克服、社会地位、挫折应对、案例研讨、离职意愿，并通过相关题项进行操作化定义和测量，主要反映了辅导员在从事学生思想政治教育和相关学生服务工作时的意志特征，即不怕困难，应对挫折和解决冲突时具有毅力。同时，职业意志也表现为对所从事职业的忠诚和承诺，认真完成任务要求，将职业当作人生价值实现的工具和途径，并化解由于困难而产生的离职意愿。

[1] 严玉梅.大学生教师职业认同现状的调查与分析［J］.高校教育管理，2010，4（1）：51–54.

[2] Nixin J. Professional identity and the restructuring of higher education［J］. Studies in Higher Education，1996，21（1）：5–16.

[3] Moore M，Hofman J E. Professional identity in institutions of higher learning in Israel［J］.Higher Education，1998，17（1）：69–79.

[4] Ashforth B，Mael F. Social identity theory and organization［J］.The Academy of Management Review，1989，14（1）：20–39.

第二章

研究综述

辅导员作为高校思想政治教育的重要实施和实践主体，历来受到教育工作者和研究者的关注，特别是高校思想政治教育研究的关注。在这些研究中，大多与"辅导员职业认同""辅导员职业能力"等问题相关。近年来，随着研究的不断深入，辅导员的职业能力问题也引起学界越来越多的重视。截至2021年2月，本书以篇名或关键词搜索，"高校辅导员"为主题的文章共19000多篇，以"高职辅导员"为主题的文章共726篇，以"高校辅导员职业能力"为主题的文章共427篇，以"高职辅导员职业能力"为主题的文章有14篇。整体看，这些研究主要包括辅导员职业角色、职业能力构成、职业能力影响因素、职业能力提升对策、高职辅导员与普通高校辅导员差异性等方面的内容。

第一节　辅导员职业角色研究综述

一、人职匹配与职业角色研究

人职匹配理论是由美国著名心理学家约翰·霍兰德基于丰富的人格心理学理论和大量职业心理咨询的实践活动于1959年提出的。该理论认为，一个人的职业是否稳定和成功，很大程度上取决于其个性类型与职业所需条件之间的匹配情况，当个体与职业岗位匹配时，个人的才能与积极性才能得到充分发挥。简单地说，人职匹配理论就是个体根据自己的个性特征，能找到与其个性类型匹配的职业类型，即人职协调。

该理论提出：每个人的价值观、动机、需要等人格都能够大致分为某种类型。人职匹配理论认为，只有具备这种类型人格的人才会对相应的工作或者是学习产生浓厚的兴趣，职业的取向是决定一个人选择何种职业的重要因素。在这个过程中，要想实现个体与职务要求的耦合，个体本身所储备的各类知识、专业能力和基本素养需要与求职岗位的要求相吻合，不能低才高用，也不能高才低用，这样求职者个体的潜能才会被充分激发。同时，在人职匹配的过程中要注意其中各要素的动态平衡，求职者的知识内涵、技术内涵和能力内涵等应该适应社会发展，与岗位匹配。从人的个性的角度，可以分为现实型、研究型、社会型、企业型和常规型这六种人格类型。

1. 现实型

在性格方面表现为虽在言辞和交际方面不是很擅长，但是动手能力较强、动作协调性好，对人真诚、善良，有较为稳定的性格，积极向上，认真努力，比较喜欢从事具体工作，如有较为明确的规则和依托具体技术、使用工具及与物品有关的工作。从职业分类上比较适合从事工程师、机械师、维修师、建筑师等操作性较强的工作，也可以从事农业、制造业等非服务业工作。

2. 研究型

在性格方面表现为擅长一些对智力、抽象能力、推理能力、独立性要求较高的任务，能对一些现象进行仔细观察和分析，可以独立开展富有创造性的工作；整体上具有渊博的知识和较强的抽象思维能力，有好奇心和很高的科研能力和水平，但缺乏领导能力。从职业分类上比较适合像生物学家、化学家、物理学家、社会学家、数学家等从事科学研究和实验工作的岗位，也可以是程序员等技术岗位。

3. 社会型

在性格方面表现在时刻关心社会热点问题，积极参与社会活动，乐于助人，遇事机智，为人老练，愿意去帮助别人，亲和力较强，能够很好地在秩序井然、制度化规范的环境中工作。适合从事律师、行政人员、教师、医护人员和服务行业的经理、社团负责人、咨询指导师等职业。

4. 常规型

在性格方面表现为老实可靠、爱岗尽责，能够接受他人的领导，乐于服从，务实可靠。在工作中有着较好的自控能力，虽然善于进行社会交际，但也在一定程度上略显保守，喜欢有秩序的生活，喜欢有条理、系统性强的工作，能严格按照规定和计划办事，不喜欢去冒险和竞争。从职业分类中适合从事办公室的相关工作，如出纳员、会计员、档案员、秘书等。

5. 企业型

在性格方面表现为冒险、擅长交际，有决策能力，敢于从事竞争力强、风险与回报并存的工作，倾向于那些具有冒险性、需要领导的角色。整体而言，企业型人格具有较强的领导和人际交往能力，但缺乏对科学知识的掌握。从职业分类中适合从事企业家、政府官员、商人、保险推销员、业务经理等。

6. 艺术型

在性格方面表现在有较为丰富的感情、有较强的想象力和创造力，追求表现自己的个性。从职业分类中适合从事演员、艺术家、主持人、设计师等。

与此同时，霍兰德在人职匹配理论中还提出了如下四种假设：第一，人的人格类型大概分为六种；第二，与人格类型对应，任何职业均可以划分为六种基本类型中的一种或多种组合；第三，个体应寻找与人格类型一致的职业，去承担令人愉快的工作和角色，职业也在寻找与其类型相匹配的人；第四，个性与职业类型的匹配取决于一个人的具体行为。因此，人职匹配理论可以对个人的职业行为进行预测。

基于以上四个前提的存在，霍兰德在人职匹配理论中提出了六边形模型，如图 2-1。

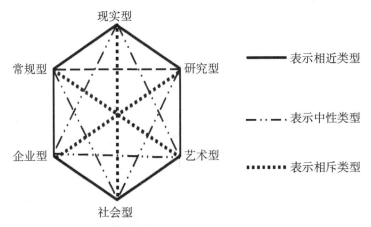

图 2-1　霍德兰的个性与职业匹配六边形模型图

由此可见，无论是对于组织还是对于个体来说，每种人格类型都能有与其相匹配的职业。进行人格匹配的前提是必须对人的人格特质有充分的了解和把握，"人格匹配分析，指根据人职匹配理论的相关要求，依托有关的工具、方法和原理，就个体的性格特质、兴趣爱好、发展目标以及所承担职位对个体的需要，进行评估和分析，最大限度地发挥工作者的潜力和作用"。人职匹配理论是现代人才测评的理论基础。

人职匹配理论认为，每个岗位的内外环境和对资质的要求，存在显著差异，不同的人适合不同的职业和岗位。我们需要充分了解个体差异，根据个性特征，确定适合的工作和岗位。高校辅导员群体的工作对象为大学生，其职业角色和工作特征是围绕着人的成长开展的，有独特的工作要求、方式和方法。学生的成长具有长期性和不可预测性，也有显性和隐性特征，高校辅导员需要在学生成长的不同阶段、不同方面提供思政教育和学生服务，这对辅导员的素质能力有较高的要求。对于辅导员个体，若其个体特质与辅导员职业角色要求一致，则会有效提升职业能力和工作效率，也容易实现自我肯定和职业认同。若辅导员个体特征与辅导员职业岗位不匹配，在工作过程中，容易出现自我否定和职业倦怠，工作效率和自我效能感都会很低，直接影响人才培养的质量。对于高校辅导员来讲，作为思想政治教育的重要力量，承担着培养社会主义事业接班人的重要职责，对其进行人职匹配具有重要意义。

二、学生事务工作者角色研究

从现有文献看，西方国家并没有我国概念界定的"辅导员"的称谓，与其对应的概念是"counselor"，一般指高校学生事务管理者或学生事务工作者，与辅导员概念贴近。1987年美国"全国学生人事管理者协会"发布的《学生事务观》中提出学生事务管理者这个概念，其有非常悠久的发展历史、完善成熟的理论体系和丰富的实践经验。综合国内外对"辅导员职业角色"的理论研究和实践成果，主要归纳在以下几个方面：

Gross（1991）在研究中认为在大学生辅导工作中，辅导员主要从提供咨询、开导和关怀等方面去发挥作用；[①] Robert D.Brown（1972）认为学生事务工作者应该定位为"教育者"，强调学生事务工作者应当通过改变教育环境、协调教育环境，并对学生的成长负责，致力于学生的健康发展。Sandeen Arthur（1991）对管理队伍的定义侧重观察学生事务工作者的管理效力，主要从他们的管理能力和结果对学生事务工作者进行评估，认为学生事务工作者应当充当"领导""管理""仲裁""教育"角色；Elizabeth M. Nuss（1996）的研究特别强调学生事务工作者作为"监护人"的存在。

在岗位职责等方面，Roper Larry D.（2005）指出："学生事务管理者在为大学校园特殊群体提供服务的过程中所扮演的角色及其发挥的作用应该具有多元性。"[②] Paisley 和 McMahon（2016）在研究中提出辅导员具有九大方面的职责和角色：为学生个体或者群体提供咨询服务；协助专业教师开展课堂教学、

① Gross R. A counselor educator's reaction［J］. The Journal of Humanistic Education and Development，1991.

② Roper Larry D.The role of senior student affairs officers in supporting LGBT students：Exploring the landscape of one's life［J］.New Directions for Student Services，2005（111）：81–88.

促进学生学业发展；联结家长、学校和教师之间的纽带；指导和带领学生参加各类社会实践活动，交流参访；及时处理应急和危机事件；进行心理"按摩"和心理疏导；解决学生之间存在的纠纷；预防学生自伤、自杀等事件的发生；提高学生的思想道德素养和水平。[1] Evon Walters（2016）阐述了学生事务管理专业人士在促进学生学习方面发挥的重要作用，在学生事务管理组织与学术管理组织中起着决定性作用。[2]这些研究表明国外对辅导员的研究主要在辅导员角色定位和体系构建，以及为学生成长提供专业的咨询或辅导服务等方面。

三、辅导员职业阶段研究

不同的高等教育发展阶段、差异化的社会情境与文化等因素，使得中西方的学生工作者的管理理念、模式和制度不同，相关研究的关注点也各有侧重。1981年，Stanley Carpenter 和 Theodore Miller 提出："人类发展的基本原则是能够直接应用到专业发展中，专业发展从本质上讲是一个从单一到复杂行为的连续的、累积的过程，且能够通过共同具有的水平或阶段来描述。"[3]基于以上内容，Miller 和 Carpenter 将高校学生事务专业人员的职业发展划分为形成期、应用期、累积期、生成期等四个阶段（表2-1）。整体看，学生工作者发展阶段理论对指导美国学生工作职业化发展产生了积极影响。

① McMahon M，Patton W. Gender differences in children and adolescents' perceptions of influences on their career［J］. School Counselor，1997，44（5）：368-376.

② Evon Walters. Enhancing student learning and retention through the merger of the academic and student affairs unit：The olivet plan［J］. Journal of College Student Retention Research Theory & Practice，2016（4）：67-82.

③李永山. 美国高校辅导员职业发展阶段理论及其启示［J］. 学校党建与思想教育，2009（1）：78-80.

表 2-1　高校学生事务专业人员职业发展阶段

发展阶段	主要任务或工作特征
形成期	1. 能够获得足够的教育或技能的培训，取得和拥有一个学生事务岗位； 2. 学习和工作经历符合教师和监督人员的要求和标准； 3. 具备一些理论知识和专业技能，能促进学生发展等
应用期	1. 把技能和能力应用到学生事务的实践中，开始学习和承担专业决策的责任和坚定不移的义务； 2. 在工作实践中应用已经形成的职业道德规范，积极参加工作培训等活动，更好地履行职责
累积期	1. 担负着某一管理部门或者监督他人专业行为和道德规范的责任，不断创新和探索学生发展的新的途径； 2. 分享现有的思想和实践技术，指导年轻的专业人员进行学生事务工作，帮助他们实现工作目标等
生成期	在生成期阶段，职业人已经获取了一定的专业能力并得到专业人士的认可和尊重，可以自行承担相关岗位职责等

第二节　辅导员职业能力构成研究综述

一、学生事务工作者能力构成

关于学生事务工作者职业能力构成的研究，国外大多认为职业能力应包括管理能力、组织能力、决策能力和领导能力，认为要掌握心理咨询、危机处理等技能，同时从胜任力的角度对辅导员所需的能力、技能进行了分析。从职业能力的角度而言，David Warner 和 David Palfreyman（1996）强调学生从业人员或学生事务工作者的管理能力，包括组织、决策、资源管理等相关技巧和能力。[①]Alan Burkard 等人（2005）指出学生从业人员应当具备能力的五个维度，

---

① David Warner，David Palfreyman. Higher education management：The key elements［M］.England：Open University Press，1996：172.

强调学生事务工作者在人际交往、行政管理、研究等方面的技能。[①]Jeffrey N.Waple（2006）认为应强调沟通表达、问题解决等方面的能力对学生事务工作者的重要性。[②]

从职业技能的角度而言，Johnson 等（1989）的研究表明学生事务工作者对大学生危机干预和心理健康辅导的重要性，[③]特别强调学生实务工作者对学生心理关注的程度。Laura（2006）将学生事务管理者的知识技能、专业素养与其评价相结合，突出学生事务管理者的学生服务能力要求。[④]从职业胜任力的角度而言，Bueno 和 Tubbs（2004）提出学生事务工作者的基本胜任特征，明确相关岗位要求，这在一定程度上提高了学生事务工作者的职业能力。[⑤]也有研究者指出，辅导员的胜任力不仅包括智力和教育等专业技能，还应当涉及相关实践经历和阅历、兴趣等多方面内容；[⑥]McCall 和 Mahoney（1997）也提出学生事务管理者的特征群，进一步阐释和明确了当前美国实践中对辅导员或学生事务工作者的具体要求。[⑦]

二、辅导员职业能力构成

在国内的研究方面，对于"辅导员职业能力构成"大多是在内容归纳和构

① Alan Burkard, Darnell Cole, Molly Ott, et al.Entry-level competencies of new student affairs professionals：A delphi study［J］.NASPA Journal, 2005（3）：290-295.

② Jeffrey N Wapel.An assessment of skill and competencies necessary for entry-level student affairs work［J］.NAPSA Journal, 2006（1）：5.

③ Lambie G W, Sias S M, Davis K M, et al. A scholarly writing resource for counselor educators and their students ［J］. Journal of Counseling & Development, 2011, 86（1）：18-25.

④ Laura A.CSA professional standards for higher education［M］.6th ed. Washington D C：Council for the Advancement of Standards in Higher Education, 2006：18-19.

⑤ Bueno C M, Tubbs S L. Identifying global leader-ship competencies：An exploratory study［J］. Journal of America Academy of Business, 2004, 5（1）：80-87.

⑥高晶晶.身份认同视角下民办高校辅导员职业能力的构成要素分析［J］.当代教育实践与教学研究, 2016（3）：98-99.

⑦ McCall M W, Mahoney J D. Early identification of international executive potential［J］. Journal of Applied Pshchology, 1997, 82（1）：6-29.

成维度方面有区别，但基本涵盖辅导员工作的全部内容和各个方面，具体可以划分为辅导员职业能力"二分说""三分说""四分说"等，这为本书关于高职院校辅导员职业能力的研究提供了较好的分析框架。

1. 辅导员职业能力二分说

何萌（2016）将辅导员职业能力划分为通用能力和专业能力。前者包括了调控自我行为的能力、相处环境行为能力、实现需求行为能力等；后者主要包括学生思想政治教育能力、学生发展指导能力、学生事务管理能力。[①]

2. 辅导员职业能力三分说

刘金华（2010）通过调查研究，提出辅导员职业能力主要分为核心能力、关键能力和基础能力。也有研究者将其划分为基本职业能力、专业能力和综合能力。常瑞（2011）则认为，高校辅导员职业能力体系包括职业知识、职业素养和职业技能。[②]虽然具体划分方式不一，但均对辅导员职业能力做出了较为明确的界定。

3. 辅导员职业能力四分说

刘莉莉、岳栋梁（2011）认为辅导员职业能力应包括思想政治素养、专业能力、社会能力、科研及创新能力四部分。邵国平等（2013）对655名高校辅导员进行了实证研究，认为教育、管理、服务和专业态度四个维度是辅导员职业能力最重要的维度。[③]李忠军（2014）将辅导员职业能力建设的内容概括为四方面：组织管理、语言文字表达、教育引导、调查研究，这一研究结论被学界广泛认同。[④]

除了以上各类划分方式之外，由于我国辅导员职业能力具有一定的特殊性，辅导员的专业化、职业化需要在实践工作中提升与发展。其他研究者对辅

①何萌.高校辅导员核心能力建设问题研究［D］.济南：山东大学，2016.

②常瑞.高校研究生党建工作存在的问题及应对策略［J］.中州学刊，2011（5）：54-55.

③邵国平，苗德露，杨琳.高校辅导员的职业能力：结构与测量［J］.心理研究，2013，6（2）：85-89.

④李忠军.以职业能力建设为核心推动高校辅导员队伍专业化发展［J］.思想理论教育，2014（12）：
　　97-102.

导员职业能力做出不同的定义，如杨继平、顾倩（2004）将辅导员能力结构划分为人格结构、行为结构、能力结构和知识结构。[1]郝英杰（2007）认为辅导员职业能力表现为其所拥有的个性特征总和，包括知识技能、业务能力等。[2]一般认为，其能力构成包含了专业知识方面的能力，包括思想政治工作的基本原理、原则、方法等；可迁移的能力，也就是通用的能力，比如沟通表达、公文写作及组织协调等方面的能力；自我管理能力、发展能力，例如对待学生亲和有爱、行为处事公平公正、爱岗敬业勤勉务实等。

2014年，教育部印发《高等学校辅导员职业能力标准（暂行）》，对辅导员需要具备的职业能力进行了较为完整的阐释。如辅导员要具备政治强、业务精、纪律严和作风正的能力特点，具有思想政治教育专业等相关学科宽口径的知识积累，能够进行良好的组织管理与协调，具有顺畅的语言、文字表达和突出的教育引导及调查研究等能力，并将辅导员分为初级、中级和高级三个等级。李琳（2015）对辅导员的职业能力的特征进行了解读："辅导员职业能力具有现实关照性、行为导向性、内容延伸性和发展持续性四个特性。"[3]郑永廷（2010）将辅导员职业能力指向大学生思想政治教育工作的针对性和有效性，表现为"开展思想政治工作的状态和能力"，其以促进学生的全面发展为价值追求。郑柏松（2014）认为高职院校辅导员的职业能力由核心能力、基础能力、专用能力和发展能力四部分组成，四部分相互联系、缺一不可。[4]

从职业能力角度而言，辅导员的职业能力定义为高校辅导员从事岗位工作所需要的各种技能、能力的总和。比如，辅导员是高职院校进行学生教育、管理、组织与服务的关键力量，需要具备职业、专业、科研以及心理健康等多方面的能力。核心能力是高职院校辅导员履行岗位职责最首要的能力，即加强对

---

①杨继平，顾倩.大学辅导员胜任力的初步研究［J］.山西大学学报（哲学社会科学版），2004，27（6）：56-58.

②郝英杰.高校辅导员胜任力建模研究［J］.国家教育行政学院学报，2007（6）：22-25，49.

③李琳.高校辅导员职业能力内涵与提升路径探析［J］.思想教育研究，2015（3）：3-10.

④郑柏松.高职院校辅导员职业能力的构成与提升策略［J］.中国成人教育，2014（6）.

学生的思想政治教育。辅导员能够对大学生的思想政治教育进行引领，这涉及大学生思想、政治、道德和文化等多方面，并把社会主义核心价值体系融入学生教育的全过程，引导其树立正确的世界观、人生观和价值观。

基础能力是高职院校辅导员履行岗位职责最基本和通用的能力。一是与他人沟通交流的能力。辅导员可以利用QQ、微信、短信、微博、邮件等现代媒介向学生传递消息，进行沟通，了解学生的思想、学习和生活状况。二是与他人团队合作的能力。目前，高职院校学生工作多以团队形式配合进行，辅导员不能割裂与他人的关系"单打独斗"，需要与其他的辅导员、专业教师以及学生骨干等合作配合。三是指导学生组织、开展活动的协调能力。辅导员应具备指导学生会、研究生会、班委会、团支部、党支部等学生组织开展工作的能力，不断培养和磨炼学生干部，帮助学生更好地进行自我教育、管理与服务。

专用能力是高职院校辅导员履行岗位职责中某些特定、专项事务的能力。比如督促学生学习的能力，通过策划主题班会、邀请专家讲座等形式帮助学生做好学业规划，引导学生聚焦学习"主业"；帮助学生适应学校生活的能力，做好新生的适应性教育以及为学生进行心理疏导的能力、职业规划指导的能力等等。

发展能力是高职院校辅导员为了更好地履行岗位职责所具有的自我学习、自我发展和自我完善的能力。一方面，辅导员要有学习和研究的能力。当前，在辅导员工作过程中，具有较多的事务性工作，大量的时间用于事务性工作的处理。另一方面，从长远发展而言，辅导员需要从经验型、事务型向学习型和研究型转变，不断提高自己的学习研究能力，深入学习系统性、体系化的思想政治教育理论与知识，并将其有效运用到思想政治教育的工作实践中，以先进的理论指导工作实践，并能够从实践中升华和总结经验，创新思想政治教育的实践理论。

综合国内外研究分析发现，各个研究对辅导员能力构成的维度不尽相同，但许多研究从其工作性质和服务对象的特殊性角度看，该职业需要辅导员具有多元的能力结构。虽然具体的研究在划分方式上存在一定差异，但是其职业内核对能力的要求具有较为广泛的一致性。其中，对应具备的道德、知识、身心素质和岗位技能等尤为强调，该能力以素质为基础，素质的高低决定能力的大小。辅导员是大学生健康成长、全面成才的指导者和引路人。

第三节　辅导员职业能力影响因素研究综述

一、辅导员职业能力相关影响因素

学界对于辅导员职业能力影响因素的研究多从辅导员个体、能力建设、队伍建设、学生和社会的视角展开，从不同的视角去分析影响辅导员职业能力发展的因素。

1. 从辅导员自身的视角

史慧明（2009）在研究中认为"在社会不断转型的过程中，我国的高校辅导员队伍建设在核心素质、角色定位、管理水平还有政策制度方面都存在一定的现实问题"。[①]围绕影响高职院校辅导员职业能力发展的主客体因素，需要引导和推进辅导员不断去强化自我认知，学习先进的理论知识，提升个体的知识储备，使之对辅导员岗位有着更深的职业认同感，从而推进高职院校辅导员建设质量的显著提升。也有研究表明，辅导员的职业能力发展与其自身的素质提升是有密切联系的，辅导员应考虑在自身素质上下功夫，提高素质，促进辅导员专业化、学术化的进程。

2. 从辅导员所具备的能力的角度

对于辅导员的通用知识和能力，贾德民（2015）在研究中指出，大量的学生事务性工作、繁杂的行政工作压力以及辅导员流动性较强等都限制了辅

[①] 史慧明. 高校辅导员专业化的理论诉求——对辅导员专业化的几个热点问题综述 [J]. 江苏高教，2009（4）：113-115.

导员职业能力的获得和提升，学校需要考虑合理安排辅导员工作数量及工作强度。[①]李平权（2015）认为可以从选聘、培训、规划和政策制度保障等方面强化对辅导员的教育与管理，尽可能地提升辅导员的职业能力。对于辅导员对心理危机处理、生涯规划等某一具体能力，肖金波（2012）认为不同专业背景的辅导员通过科研团队化可以实现交叉学科方面的科研突破，例如，利用社会学知识来研究高职院校学生的社会化问题，利用数学专业的知识来进行计量研究，利用体育知识来进行高职院校开展体育活动的探讨等等。

3. 从辅导员队伍建设的视角

有学者指出：从队伍建设的角度来说，辅导员在高校教师队伍中处于弱势地位，主要承担学生的日常思想政治教育工作，在晋升发展过程中缺乏优势，亦得不到高校的充分重视，阻碍了辅导员职业能力的提升。如湛风涛、曹美新（2011）在论文中提出，辅导员队伍建设的不足、岗位流动性大等因素导致其职业能力结构较为单一，整体能力缺失，学校应该采取措施培训和提升辅导员的职业能力。

4. 从辅导员工作评价的视角

李英（2012）认为辅导员自我评价和学生对其做出的评价在某些方面存在显著差异，辅导员职责界限模糊是导致辅导员工作任务繁重的主要因素。从社会的视角出发，李汉烨（2012）认为社会认识、高校机制建设、辅导员自身能力等因素制约辅导员职业能力发展。张丽玉（2019）把高校辅导员队伍的现实问题归纳为以下四个方面：知识结构失衡，专业指导能力不足；职业伦理缺乏，群体信任呈现危机；工作低水平重复，职业倦怠感明显；职业思想不稳定，队伍稳定性缺失。[②]

5. 从影响辅导员职业能力发展的社会、政策等视角

肖永强（2014）认为，职业社会地位偏低、学科背景多样化、专业基础相

---

① 贾德民. 高职院校辅导员职业能力发展探析［J］.职业技术教育，2015，36（2）：78-80.

② 张丽玉. 分析民办高校辅导员专业化存在问题及其原因［J］.吉林广播电视大学学报，2019（10）：59-61.

对薄弱、辅导员保障机制尚未健全等因素影响着辅导员职业能力发展。[①]林伟毅（2017）指出从国家、高校和辅导员自身三个层面分析高校辅导员职业能力提升的困境，管理和考核机制不健全、选聘和培养制度不完善、自我管理和学习创造力较低，是影响辅导员职业能力提升的制约因素。[②]

综合看，辅导员职业能力受到多种因素的制约，学界对影响辅导员职业能力的因素的研究主要可以划分为主体因素、客体因素和社会因素等三个方面。主体因素主要围绕辅导员队伍本身角色担当、职业认同、知识结构、建设动力等内容进行分析；客体因素主要围绕学生展开；社会因素主要指从国家制定的相关规定、社会认同感等角度开展研究。这些研究为本书提供了理论基础和辅导员职业能力划分的依据。

二、辅导员职业认同对职业能力的影响

随着研究的推进，除了个人因素（主要包括个体的性别、年龄、工龄、工作方式、工作兴趣等）、外界因素（主要包括政策影响、社会因素、家庭因素和学校因素等）对辅导员职业能力有影响外，部分研究开始关注辅导员职业认同这一变量在主客观因素之间的一种中介作用，认为辅导员自身对该职业的认同度是影响主客观因素对职业能力发展的重要影响路径。

有学者在研究中提出，国家对于辅导员队伍建设的政策支持和导向是影响辅导员职业认同的重要因素。随着《关于进一步加强高等学校学生思想政治工作队伍建设的若干意见》等文件的颁发，高职院校辅导员队伍的专业化、职业化进程不断加快，辅导员对于职业的认同感也显著提升。

学校的类别、工作的价值、聘用的形式和岗位的地位等这些都属于社会因素的重要组成部分，其对辅导员的职业认同度有一定的影响。已有研究表明，学校的类别性质会影响到辅导员的职业认同，如重点高等院校、普通高等院

[①]肖永强.高校辅导员职业能力提升的有效途径［J］.时代教育，2014（12）：136–137.
[①]林伟毅.高校辅导员职业能力的现状及提升路径［J］.思想政治工作研究，2017（1）：135–136.

校、民办院校、高职院校等学校类别差异影响着辅导员的职业认同。从聘用形式上，有编制和无编制的辅导员在职业认同和满意度方面也有差异。学者们指出家庭因素对辅导员职业认同的影响主要包括自我发展程度、家庭经济状况和父母对于个体的期望值等，这些因素对辅导员自身的职业认知、职业价值和情感也有较大的影响。张敏（2006）认为教师的个人经验受到生活的家庭以及其他重要的或扩展的家庭影响。[1]薪资待遇、职称评定和工作压力等都是学校中存在着的影响辅导员职业认同的因素。如部分学校职能部门对高校辅导员工作较为片面的认识使得辅导员工作边界日益模糊；高校辅导员现有的保障机制和激励政策不健全，都会不同程度地影响辅导员的职业认同。

此外，正如国内学者对"辅导员职业能力"存在的问题和困难进行了研究一样，国外学者也对辅导员职业发展的诸多问题进行了讨论，并证实了相关结论，如高校辅导员自身知识体系不完善会影响政策和制度效用的发挥，学校应当建立并实施长期、有效的辅导员培训和继续教育制度。[2]

三、辅导员职业能力提升策略

辅导员职业能力提升的重要路径是加强对辅导员职业能力的培养，这也是强化高职院校辅导员队伍建设的重要保障。围绕着辅导员职业能力提升的各个因素，众多学者通过实证研究、文献分析、查阅资料等方式，客观地分析了辅导员职业能力建设中存在的不足，并针对性地提出建议和路径。有部分专家从宏观层面进行分析，围绕着辅导员的职责边界、管理机制、培训体系、考评与激励措施等方面为辅导员职业能力提升提供政策支持和保障；有学者则从微观的视角，聚焦于个体专业背景、学生工作队伍建设等具体情境进行研究，并提出具体策略以促进辅导员职业能力发展和职业认同提升。

要实现辅导员职业能力的不断提升，就要充分了解辅导员不同发展阶段的

---

① 张敏.国外教师职业认同与专业发展研究述评［J］.比较教育研究，2006（2）：77-81.

② Dallin, George, Young, et al.Using CAS standards to measure learning outcomes of student affairs preparation programs［J］.Journal of Student Affairs Research & Practice，2007（11）：23-26.

职业能力需求。国内学者李永山曾引用 Stanley Carpenter 和 Theodore Miller 提出的"高校辅导员职业成长四阶段"学说，并对辅导员成长的四个阶段的岗位和能力需求进行了介绍。[1]国内学者高玖伟（2009）从辅导员职业化发展的各个阶段来分析职业能力的培养，不同的发展阶段，有着不同的发展任务和能力需求。从刚入职的辅导员到成为一名专家型辅导员要经过职业初期、成长期和成熟期三个阶段。在每一个新的阶段，辅导员都面临着全新的挑战，学校和辅导员要充分掌握成长规律，针对性地提升辅导员职业能力，进而实现学生思想政治教育工作队伍职业化、专家化的目标。[2]李忠军（2014）也提出要出台辅导员职业能力提升的政策和措施，注重准入、考核、培养与发展和退出等工作机制与环节。[3]

从辅导员自身角度来看，学校要指导和帮助辅导员充分立足于个体本身，培养高职院校辅导员职业能力提升的意识。Dalton Jon C. 和 Gardner Diana Imanuel（2002）强调了辅导员在实际工作中积累技巧、锻炼技能的重要性，以适应具体学生实务管理实践的需要。[4]辅导员职业能力的发展和提升要从辅导员的自身入手，韩冬和毕新华（2011）提出从完善辅导员职业素养规划、丰富知识体系和树立终身学习理念三方面去促进职业能力发展。[5]湛风涛（2011）提出，辅导员要想提升职业能力，一方面，要从自身入手主动积累经验，明确发展方向；另一方面，学校或者政府也要健全辅导员职业能力建设的机制。从学生等客体因素而言，部分学者通过实证调查的方式充分了解学生群体对于辅导员职业能力的需要，并对辅导员的职业能力进行评价，通过这种方式来对辅导员职业能力提升提出更具针对性的意见，提升辅导员的职业能力和

①李永山.美国高校辅导员职业发展阶段理论及其启示［J］.学校党建与思想教育，2009（1）：78-80.
②高玖伟.论高校辅导员职业化进程中的职业能力开发［J］.学校党建与思想教育，2009（9）：57-59.
③李忠军.以职业能力建设为核心推动高校辅导员队伍建设专业化发展［J］.思想理论教育，2014（12）：97-102.
④ Dalton Jon C，Gardner Diana Imanuel.Managing change in student affairs leadership roles［J］.New Directions for Student Services，2002（11）：37-48.
⑤韩冬，毕新华.高校辅导员职业能力的形成与提升［J］.思想理论教育导刊，2011（11）：122-124.

大学生思想政治教育工作的时效性。

从外部因素看，辅导员队伍的准入条件是首要考虑的因素。例如，崔凯和冯崖（2014）提出提高辅导员队伍准入标准，同时在辅导员队伍评价上应坚持双向评价，即学生评价与辅导员工作实绩评价相结合，客观评估辅导员工作业绩和职业能力，提高辅导员职业能力水平。王敏幸和孙振民（2009）在研究中提出，要想加强辅导员职业能力建设，首先就是要严格和规范辅导员的准入与选聘制度；其次就是完善辅导员职业能力培训体系，多措并举提升辅导员的职业素养，加强对其的思想政治素养、学术素养、研究能力等进行培训；之后要健全和完善激励机制，给予辅导员更为便捷的职业晋升通路；最后是制定和完善辅导员教育与管理的各项制度。[1]Ashley Tull 和 Linda Kuk（2016）指出高校应当给予学生事务管理者相应的支持，支持和鼓励员工的专业培训和专业发展，进而实现为学生提供更好服务和管理、学生工作管理者发展的目标。[2]

最后，辅导员相关政策、制度的制定实行起到基础性作用。例如，张宏如（2011）认为辅导员管理机制、培训体系和培训力度、考核评价机制、职业生涯辅导有利于提高辅导员职业能力。[3]牛秋月以人本主义理念视角探讨了合理、高效的辅导员职业发展框架的重要性。寇汉军、李辉（2017）就辅导员职业能力提升，提出专业支持与身份转换两种路径，并且建议建立辅导员职业能力提升的分类促进机制。[4]王耀华（2007）从辅导员自身能力出发，强调辅导员职业能力发展需要注重与社会主义经济相适应，并不断提高自身的职业能力和服务能力。[5]陈东升（2011）从辅导员自身、与学生交流、组织协调三个方

---

① 王敏幸，孙振民. 新时期高校辅导员职业能力培养的路径选择［J］. 理论导刊，2009（12）：113-116.

② Tull A，Kuk L. New realities in the management of student affairs：Emerging specialist roles and structures for changing times［M］.Vtryinia：Stylus Publishing，2012.

③ 张宏如. 高校辅导员职业能力研究［J］. 思想理论教育导刊，2011（9）：117-119.

④ 寇汉军，李辉. 职业化视角下高校辅导员职业能力发展路径探究［J］. 中共山西省直机关党校学报，2017（3）：52-54，90.

⑤ 王耀华. 高校辅导员的职业能力［J］. 河北理工大学学报（社会科学版），2007（2）：111-114.

面提出辅导员职业能力构建途径，提出了切实可行的实践模式，强调辅导员自身能力建设和自我发展的重要性。也有学者提出优化和改进辅导员职业能力的四点建议：一是提高思想认识，加强对辅导员职业能力提升工作的重视程度，努力培养和激发辅导员工作认同感和归属感；二是强化制度规范，以严格的制度与管理规范辅导员的准入和晋升；三是优化辅导员的团队结构，充分考虑辅导员队伍的性别比例、学历结构等因素，确保辅导员具有较高的个人素质；四是给予辅导员合理的绩效考核，完善奖励与退出机制。

第四节　高等职业院校与普通高校辅导员差异研究综述

学界对于高等职业院校与普通高校辅导员差异的研究主要从人才培养模式、学生特点、辅导员队伍建设等方面展开，从不同的视角分析高等职业院校与普通高校辅导员的差异，并基于高职院校学生特点、人才培养目标、专业技能、专业发展计划等方面，进一步提出高职院校辅导员职业能力提升的措施和路径。

一、人才培养模式差异

1. 培养目标角度

从培养目标的角度而言，叶华光（2010）认为普通高等教育承担培养国家基础性人才和科学创新研究人才；而高等职业教育应该以满足企业对应用型、操作型人才的需要为培养目标，培养学生的实际操作能力和促进技能发展形成，成为技能型和专用型人才。[1]周建松（2010）同意普通高校教育以培养技术创新人才、高素质管理型人才为主要目标，而高职院校将培养目标定位

---

[1]叶华光.高职教育的特性分析与未来发展走向：与普通高等教育比较的视角［J］.教育发展研究，2010，30（1）：42-46.

为实践性和实用性人才。[①]朱厚旺等（2020）指出高职教育人才培养目标经过了"技术型""实用型""应用型""高技能型""技术技能型"的发展，当前，"工匠型"人才培养目标正成为我国高职教育人才培养目标新的发展趋势。[②]

2. 课程体系角度

从课程体系的角度而言，李铁林（2006）认为，普通高校以学科建设为中心，而职业技术学院是以专业建设为中心，强调教育与生产劳动相结合。[③]揭新华（2007）认为普通高校理论教学所占比重较大，实践教学所占比例较小，而高职院校是瞄准岗位职务确定培养目标，强化的是实践环节，注重技能训练。谭和平（2014）指出普通本科教育的课程体系以"宽口径、厚基础"为标准，课程设置更多的是考虑学科的完整性、知识的衔接性和学生未来发展的必要性。高职高专教育课程的设置则往往以行业或职业的技术要求为导向，考虑的往往是必需的专业理论知识，重点考量的是职业技能实训的实验课，基础理论知识遵循"必需、够用"的原则，以应用为目的，注重实用性。

二、学生特点差异

1. 生源角度

从生源角度而言，段保才（2013）分析得出高职生农业家庭占78.19%，本科生为55.3%，家庭经济与教育背景存在较大差异。家庭经济状况差的学生比例高职生占71.39%，本科生占63.15%。高振发（2015）指出当前职业教育生源类型体现出多样化的特点，高职院校的生源类型丰富，体现了国家对职业技术教育发展的重视，也体现当前人才培养的不拘一格，满足了人们对多样化教育服务的需求。[④]顾卉（2017）指出高考招生录取批次使得高职院校生

① 周建松. 试论高等职业教育办学特色和水平的内涵要素：基于高职教育与普通高校、中职教育的比较与分析 [J]. 中国职业技术教育，2010（30）：68-71.

② 朱厚望，龚添妙. 高职教育人才培养目标的历史演变与再定位 [J]. 中国职业技术教育，2020（7）：66-70.

③ 李铁林. 普通高校与高职院校之比较研究 [J]. 当代教育论坛，2006（11）：98-99.

④ 高振发. 高职院校生源多元化背景下的学生管理创新 [J]. 教育与职业，2015（24）：33-35.

源处于不利地位，录取批次排序的靠后使得高职院校入学门槛低，生源质量偏低，不利于高职院校长期、稳定、健康地发展。[①]

2. 学习适应性角度

从学习适应性的角度而言，冯维等（2005）指出高职大学生较之普通大学生在学习上普遍存在着学习基础薄弱、学习习惯较差、自卑心理较强、厌学等问题。在学习态度方面，高职大学生较之普通大学生学习动机较低、学习自觉性较差；在学习能力方面，高职大学生在记忆能力、思维能力和应用能力上与普通大学生相比要差一些。[②]王立高（2017）研究发现，高职学生学习适应不弱于普通高校，且学习能力水平较好，能够接受高职院校的课程设置并习得技能。但高职学生的学习动机明显不足，因此提高学习适应力，激发高职生的学习动机，成为高职院校学生教育的重要目标和提高教育质量的关键举措。[③]

3. 心理健康水平角度

从心理健康水平的角度而言，王利华等（2005）发现高职生心理健康水平及学业成就水平略低于全国大学生，在人际关系敏感、焦虑、抑郁的因子得分上却高于普通大学生，表明高职院校学生更有倾向产生心理健康问题，这会给高职院校学生管理工作带来更大挑战，学校教育工作者和高职辅导员，不仅需要关注其身体发育健康，也要关注其性格的形成、心理健康状态。[④]段保才（2013）认为本科生与高职生在性格类型、稳定性、掩饰防卫等方面具有较大差异。本科生的综合能力优于高职院校学生，对高职院校进行学生综合素质教育更为迫切，做好其心理问题预防和处理、促进其身心健康发展任重道远。屈丽娟（2018）认为高职学生与普通大学生差异来源于培养模式和所授知识的不同。高职院校学生在激烈社会竞争压力下，容易对文凭弱势产生错误认知，容

①顾卉.生源变化背景下高职教育可持续发展研究［J］.教育与职业，2017（18）：32-36.

②冯维，杨兢.高职大学生与普通大学生学习适应性比较研究［J］.中国特殊教育，2005（11）：52-55.

③王立高.高职生学习适应现状调查及对策研究：以广西壮族自治区为例［J］.职教论坛，2017（36）：19-24.

④王利华，肖凭.高职生与普通大学生心理亚健康状况比较研究［J］.教育与职业，2005（30）：42-43.

易产生自卑感。而由于普通大学生所接受知识具有全方位的特点，高职院校学生容易产生较大的学习压力，可能造成心理、生活失调，出现厌学心理。

三、辅导员队伍建设差异

1. 辅导员队伍现状角度

从辅导员队伍现状角度而言，张光辉（2011）按照研究型大学、教学研究型大学、教学型大学、高职高专院校四种类型对上海12所高校辅导员进行调查，辅导员的年龄、学历与专业结构仍然不尽合理，职业认同感和归属感仍然较低：30岁以下的辅导员比例教学型高校最高达81.6%，高职高专院校最低为71%；本科以下学历的比例高职高专院校最高达61.3%；非思政等相关专业背景的辅导员比例高职高专院校最低为35.5%；高职高专院校辅导员在"认清职业定位""明确工作职责""当作终身职业"方面选择"非常赞同"的比例均为最低；高职高专院校辅导员在"具备专业理论知识""掌握思想政治教育方法""具有较强科研能力"方面选择"非常符合"的比例最低，在"具备心理咨询及技能"方面选择"非常符合"的比例只比教学型大学辅导员高，但"掌握就业理论与方法"的比例在四类高校中最高。

赵雅卫等（2020）指出高职院校在辅导员管理模式上与本科院校相比还有很大的差距。高职院校由于历史发展的原因，导致其在辅导员队伍建设的制度和机制的完善上处于成长阶段，一些高职院校仍存在专职辅导员配备不达标、编制未落实、待遇保障不到位等现象，有待进一步规范和完善。[①]

2. 辅导员工作内容角度

从辅导员工作内容角度而言，郑柏松（2014）认为随着教育事业和实践的发展，辅导员工作在思想政治教育和学生事务管理等基本内容的基础上，进一步增添了新内容和新要求，如学生心理危机预防和干预、就业创业指导等，即以学生发展为中心，全面做好思想政治教育和学生发展服务，帮助学生应对社

---

①赵雅卫，刘钰涵.高职院校辅导员队伍建设的困境及问题的消解[J].教育理论与实践，2020，40（30）：27-29.

会发展的挑战，促进学生的成长和成才。王海山（2017）指出高职院校辅导员应当将职业教育理念融入学生辅导和思想政治教育工作中，更好地履行为学生服务的职责，践行培养专业型、技能型人才的使命。[1]刘锦（2019）指出职业院校以培养专业型和技能型人才为办学目标，注重专业建设，决定了高职院校辅导员承担培育学生工匠精神的重任。高职辅导员应当注重相关职业能力的提升，提高自身的专业素养和技能，掌握先进教育理念，积极探索专业实践教学与工匠精神有机融合的有效途径。[2]

综合看，高职院校在人才培养模式、学生特点、辅导员队伍建设方面都与普通高校有较大差异。高职院校学生特点的复杂性、新时期职业教育人才培养的高标准都对辅导员工作有较高的要求，两者存在一定距离和矛盾，因此相对于普通高校辅导员，高职院校辅导员需要在学生日常行为规范管理、学生自我效能提升、危机干预、就业指导等方面更专业地开展工作。

第五节　研究述评

在辅导员职业能力研究中，国内外学者的研究成果为进一步开展研究和实践提供了丰富的理论基础。从研究内容上来说，高校辅导员职业能力研究目前已成为高等教育研究的一个重要研究领域，学界进行了丰富的理论、实证与实践研究，并取得了一定的成效。但我国高职辅导员职业能力研究仍缺乏系统性、学科性和专业性，存在以下问题需要进一步深入开展研究。

1. 研究视角分析

从研究视角看，现有研究的系统性存在一定不足。辅导员职业能力建设是

---

[1] 王海山. 新时期高职院校辅导员素质能力的提升［J］. 教育与职业，2017（01）：84-87.

[2] 刘锦. 新时代高职院校辅导员队伍建设的新内涵与新路径［J］. 学校党建与思想教育，2019（24）：10-12.

一个系统工程，需要从战略整体的角度进行思考和规划。在实际研究中，必须重视从一个全局、全面的角度进行整体研究。辅导员职业能力建设要以各方面的因素形成合力，系统地发挥作用。例如，社会对辅导员地位的认同，对辅导员职业化的认可，学校建立起选拔、培训、考核等机制。因此，对辅导员职业能力的研究需要具有整体的规划和全局观念。

2. 研究方法分析

从研究方法看，当前理论研究居多，实证研究偏少。现有的辅导员职业能力研究中主要是以理论研究和定性分析为主，实证研究和定量分析较少，缺少系统研究而偏向于孤立研究。因此，辅导员职业能力提升需要结合我国高校自身发展特点，根据不同类型高校、不同学生特点，借鉴发达国家辅导员制度，坚持理论指导实践、实践促进理论的建设模式，积极开展辅导员职业能力影响因素研究，发现短板并积极改进提升，通过职业能力建设推动辅导员队伍建设。

3. 研究内容分析

从研究内容看，当前研究对职业能力影响因素的关注不足，职业发展能力构成维度尚未形成共识。从已有的辅导员职业能力建设的文献中分析，主要是集中于研究辅导员职业能力的构成、价值和提升策略，缺乏对辅导员职业能力影响因素的探索。从政策文本看，《高等学校辅导员职业能力标准（暂行）》对辅导员职业能力构成及标准做了定位，在一定程度上明确了辅导员职业能力需要达到的标准和要求。但由于一些条目的可操作性不足，加之对于辅导员职业能力概念的解析不够具体，该标准在具体实行过程中存在工具性不够的问题。例如，辅导员职业能力构成缺乏理论支撑的维度分类，职业能力各构成要素彼此独立、缺乏关联，且是从经验主义出发的工作呈现，理论视角不够；职业能力研究的内容没有从职发展的角度深度挖掘，局限于局部和静态表述，层次罗列表达简单。

4. 研究对象分析

从研究对象看，现有辅导员职业能力的研究专门针对高职院校的研究偏少。以辅导员职业能力为主题的研究文献中，其研究对象主要集中在本科层次的高校，对于这类高校中辅导员职业能力开展了比较多的研究，也提出了很多的政策支持，但缺乏对不同类型高校、不同学生特点的针对性研究和对比性研究，尤其是缺乏对高等职业学校中辅导员职业能力建设的研究，只能从一些共性的研究中得出普遍结论。当前，该议题以本科院校为研究对象，已经取得了一定的成果，而对于高职院校辅导员职业能力的研究深度和广度存在一定不足，实证研究更是缺乏。加强对高职院校辅导员职业能力提升的研究，为培养大量高素质高技能人才、为"中国制造"向"智能制造"转型提供"德技双优"的人才储备贡献力量。

综上所述，通过文献梳理，笔者认为，辅导员职业能力建设，特别是高职院校辅导员职业能力影响因素，仍需要进一步深入地研究。本书将以"高职院校辅导员职业能力"为主题，主要采用问卷调查法和文献分析法，以理论研究和实证研究相结合的方式，对多所高职院校的样本数据进行收集、整理、分析，在对影响现状因素分析的基础上，重点对影响因素及因素的作用机制进行深入探究，最后提出高职院校通过加强辅导员职业能力建设，推进辅导员队伍职业化、专业化、专家化的实施路径。

第三章

研究设计

　　研究设计是确保研究有序推进的计划，包含研究问题确定、研究方法选取、测量指标与操作化、数据收集和分析等内容。任何研究科学、有效地开展都离不开明确的研究问题、适切的研究方法、精确的数据搜集和科学的分析解释。本章将基于前文的理论分析，并结合当前辅导员队伍建设中凸显的辅导员晋升通道狭窄、认同度不高、专业性不强、队伍不稳定、流动频繁等现实问题，对研究进行整体设计。

第一节　研究问题聚焦

　　从现有文献看，辅导员职业发展影响因素较多，影响机制较为复杂。辅导员职业认同受各方面因素影响，不仅与辅导员个体特征有关，还与辅导员所处环境密切相关。与此同时，个体特征、环境要素的差异和辅导员职业认同的高低又会影响到辅导员职业能力的发展。基于现有研究的结论，选择职业认同作为中介，研究高职院校辅导员职业能力发展现状、职业能力影响因素等议题，探索辅导员职业能力发展影响因素与机制，并提出相应的对策建议。本研究聚焦的问题如下：

（1）高职院校辅导员职业认同感、职业能力发展现状如何？辅导员职业能力在发展过程中存在哪些基本问题？

（2）不同的高职院校、院系和个人特征的辅导员在职业能力方面是否存在显著差异？

（3）影响高职院校辅导员职业认同和职业能力的因素有哪些？学校因素、学院因素、个体因素、职业认同与职业能力的相互影响关系和作用机制如何？

（4）如何优化高职院校辅导员职业发展的学校政策与组织环境，为推动高职院校辅导员职业能力提升制定有效对策？高职院校如何构建辅导员多元评价体系，高职院校辅导员职业认同培养途径如何构建，能否构建合适的评价模型以测算出辅导员的职业认同现状和影响因素？

第二节　研究范式及方法

研究问题的拟定是研究范式的前提，需要根据不同的研究问题来选择适合问题的研究范式。本研究旨在探讨学校政策、学院因素（组织环境）、个体因素对辅导员职业能力影响的过程机制与地区、学校差异，解决学校政策、学院因素（组织环境）、个体因素在提升辅导员职业能力中存在的问题。

根据研究对象特点和已有研究成果，本研究一是以定量与定性分析相结合，从影响因素（学校因素、学院因素、个体因素）、职业认同和职业能力进行分析；二是采用实证研究方法对影响因素（学校因素、学院因素、个体因素）、职业认同和职业能力之间的关系和影响机制等进行实证研究。

一、研究范式

本研究拟采用定量与定性混合的实证研究范式。量化研究与质化研究是实证研究范式中最为常用的两种方法，两种方法各具优势。量化方法的科学性和客观性能够将获得的理论抽象化和概括化，并精确分析现象之间普遍的关系。质化研究通过对社会现象进行直接观察分析，可以深入理解所研究的对象，可以解答量化研究在个人行为动机和社会过程的问题。因此，在很多的社会科学研究中，良好运用混合式的研究范式要比单独使用质化或量化方法能更好地解答研究问题。基于此，本研究将在研究过程中将量化与质化的研究方法结合，选取两种研究方法的优点开展研究。

具体来看，本研究主要通过调查法搜集资料，具体方法包括问卷调查法、结构化访谈法、非结构化访谈法等，围绕某种社会现象（事件）、社会问题进行截面数据研究。目前学术界对职业能力的研究主要局限于概念和内涵，一般是定性描述和分析，实证研究相对较少。由于资料收集的客观性和真实性，对社会现象探讨的深刻性、研究结论的客观性和科学性，实证研究已经成为社会研究和社会相关研究的重要工具，具有重要的现实意义。本研究运用实证研究范式，使用教育调查、统计分析等研究方法，以高职院校辅导员职业能力的影响因素为研究内容进行社会调查，收集相关资料，为提出理论假设或检验理论假设而展开研究。

本研究采用实证研究方法对高职院校辅导员职业能力的现状、特点及问题进行深入研究；寻找辅导员职业能力与学校、二级学院、个体等方面的影响因素，并用统计分析方法探索其影响机制，对学校、二级学院和个体提出对策，这是研究视角的创新。本研究构建高职院校学校因素、学院因素、个体因素、职业认同和职业能力的关系模型，以职业认同为中介，探讨职业认同的部分中介和完全中介作用，研究学校因素、学院因素、个体因素与职业认同、职业能力的关系，从而探索辅导员职业能力的影响因素并提出对策，是研究方向的创新。

二、方法选择

1. 问卷调查法

问卷调查法是教育调查研究中应用最为广泛的方式，通过有目的、有计划、有系统地对教育事实和现象进行考察、材料收集分析来认识教育问题或探讨教育现象之间的联系，为教育的改进和问题的解决提供依据等。其基本步骤包括建立理论框架和设计问题。

本研究以高职院校辅导员职业能力的影响因素为研究对象，通过采用文献研究法对影响因素（学校因素、学院因素、个体因素）、职业认同和职业能力方面的文献进行了梳理。然后，根据编制调查问卷的原则和要求编制调查问卷，针对广东、浙江、湖南、河南、河北、内蒙古、甘肃等7省15所高职院校辅导员进行调查，问卷包括对辅导员职业能力、影响因素、职业认同以及其他控制变量的调查内容。

2. 访谈法

辅导员职业能力是一个理论兼实践性的研究主题，要得出稳健的研究结论，既要对辅导员职业发展进行调查研究，又需要对个体发展历程进行微观分析。本研究将对高职院校学生工作的相关专家、部分辅导员年度人物、个别有辅导员经历的校级或中层干部、普通辅导员等对象进行访谈。同时，在访谈的基础上，针对辅导员职业能力结构、职业认同结构和职业能力影响因素进行解析。

此外，为了确定研究中辅导员职业能力影响因素的合理性，本研究在设计研究工具之前，首先通过与专家进行调查访谈，获得相关的辅导员职业能力影响因素、职业认同、职业能力的建议。然后，结合各位专家对影响因素的评价和所提出的建议，确定本研究的辅导员职业能力影响因素、职业能力构成、职业认同构成，为进一步完成辅导员职业能力影响因素的调查提供理论依据。同时，为确保访谈效果，针对广东省3所高职院校辅导员采取线下面谈的方式，以提高访谈的真实性和可靠性。由于受到疫情影响，其他地区采取线上访谈或电话访谈方式进行，并在受访人知情同意的前提下，全程记录访谈内容。

3. 文献研究法

首先，从中国知网、万方数据、Springer 等数据库中搜集关于辅导员职业发展等相关中外文献资料，并对现有文献资料进行总结归纳，了解国内外学术界对这一领域的研究现状。其次，通过政府、学校官方网站等，收集、整理、对比和分析出台的辅导员队伍建设、辅导员职业发展等相关政策的文本与资料。最后，借助访谈所获得的相关文本资料，挖掘辅导员职业发展真实素材。通过上述文献分析，明确研究方向，确定研究问题，形成整体研究框架。

4. 德尔菲法

德尔菲法也称专家问卷法。该方法通过独立判断的形式，使用多轮问卷调查背对背地收集相关领域专家对所研究问题的意见，即受访专家在调查期间不进行见面或讨论，以独立思考的形式做出问题的价值判断并提出意见。每一轮问卷的发放都会将前一轮的专家意见汇总、修订和反馈，多轮调查后专家意见趋于一致，最后研究者汇总形成结果。

为了提高研究的科学性与合理性，本研究采用德尔菲法探索辅导员职业能力的影响因素、职业能力的评价维度、职业认同的评价维度。首先，本研究邀请相关领域的专家进行问卷调查，征询专家对本研究初拟的高职院校辅导员职业能力影响因素、职业能力和职业认同构成维度的修改意见，并做适切度问询；然后，进一步汇总和修订专家意见，将反馈结果发送给专家，供专家参考，并邀请专家在反馈的基础上进一步做出判断。经过若干轮的调查反馈，最终得到本研究的辅导员职业能力影响因素构成、职业能力评价维度和职业认同评价维度。

第三节 研究模型与变量

一、模型框架

本研究主要研究辅导员职业认同、职业能力的影响因素及其作用机制。因此，在理论研究与文献回顾的基础上，通过专家访谈、前期调查和归纳汇总，并结合个人实际工作经验，提出本研究的总体模型框架（图3-1）。

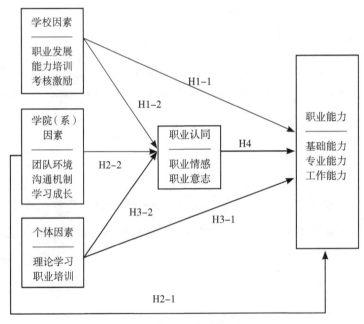

图3-1　研究模型框架图

二、变量选择

1.因变量

（1）因变量界定

本研究的主要因变量是辅导员职业能力。《高等学校辅导员职业能力标准（暂行）》对高校辅导员的职业名称、定义、能力特征、守则、知识及文化程度、政治面貌、培训要求等进行了明确，确定了高校辅导员职业能力构成的九个维度、职业能力的三个等级和具体标准，为辅导员的培训体系、考核评估、职务职称评聘、奖励激励等提供了具体依据。标准从初、中、高三个职业能力等级，对高校辅导员在思想政治教育等九方面辅导员职业能力的工作内容进行了规范，并对应具备的能力提出了明确要求。基于国家政策与现有研究成果，本研究将辅导员职业认同和职业能力作为因变量。但同时将职业认同作为中介变量，包含了职业情感、职业意志两个基本维度；职业能力包括基础能力、专业能力和工作能力三个维度。

本研究对辅导员职业能力构成的界定，结合国内外学者关于辅导员职业能力的结构模型，依据《高等学校辅导员职业能力标准（暂行）》相关概念界定，同时借鉴现有研究关于辅导员职业能力中将能力分为专业能力和工作能力，提出本研究辅导员职业能力结构模型。辅导员职业能力构成界定为三个要素组成：通用能力——调控自我行为的能力、相处环境行为能力（环境适应能力、人际交往能力）、实现需求行为能力（表达能力、沟通合作能力、学习与创新能力等）；专业能力——就业咨询能力、职业规划能力、学业指导能力、心理支持能力、危机处理能力；工作能力——思政教育能力、网络应用能力、骨干培养能力、日常管理能力、协同育人能力。

（2）因变量测量

在咨询相关专家、学者意见的基础上，并据此进一步完善问卷。首先分别和导师、多名教育学专业的博士、高职院校方面的专家就测量内容效度进行咨询。结合咨询结果，本研究主要以高职院校辅导员为研究和调查对象，受访者以匿名的形式对学校因素、学院因素、个体因素、职业认同、职业能力做出判断和评价。量表采用李克特5点记分法，设置"非常不符合""不符合""一般""比较符合""非常符合"五个等级，分值分别为1、2、3、4、5。具体测量方式见附录一。

2. 中介变量

本研究主要的中介变量是辅导员职业认同。借鉴现有研究中对辅导员职业认同的维度划分，着重研究辅导员对辅导员职业角色的认同和对辅导员岗位的坚持，着重考察两个维度即职业情感和职业意志。本研究对于辅导员职业认同的测量，主要包含职业情感和职业意志两个方面。量表仍采用李克特5点记分法，设置"非常不符合""不符合""一般""比较符合""非常符合"五个等级，分值分别为1、2、3、4、5。具体测量方式见附录一。

3. 自变量

结合已有文献和前期田野调查，本研究的核心解释变量是学校因素、学院因素和个人特质等。学校因素包括职业发展、能力培训、考核激励三个维度；学院因素包括团队环境、沟通机制和学习成长；个体特质解释变量，包括理论学习和职业培训两个维度。

通过对现有文献的梳理，归纳高职院校辅导员职业能力的主要影响因素，主要可以分为以下几个维度：第一是个体因素，包括自己的理论学习、职业培训等；第二是组织环境对辅导员职业能力提升的支持，即团队环境、沟通机制、学习成长等；第三是学校层次，即高校对辅导员职业能力的提升策略，包括职业发展、能力培训和考核激励等；第四是政策层次的影响因素，主要是辅导员职业能力提升的制度与政策等。

结合访谈结果，本研究将辅导员职业能力影响因素界定为三个层次八大因素：学校因素（职业发展、能力培训、考核激励）、学院因素（团队环境、沟通机制、学习成长）、个体因素（理论学习、职业培训）等。这八个影响因素是本研究所探究的辅导员基础能力、专业能力、工作能力的最主要的影响因素。经过一系列程序处理后，最终形成影响因素的初始测量条款，具体测量方式见附录一。

4. 控制变量

结合已有文献，影响辅导员职业能力的因素包括辅导员个人因素、家庭因素、学校因素和社会背景因素。本研究重点关注的是学校因素和辅导员个人因素对辅导员职业能力产生的影响，因此学校因素和辅导员个人因素为本研究的控制变量。学校因素包括办学性质、学校所属区域、学校类别等，辅导员个人因素包括辅导员的性别、学历、年龄、毕业院校、专业、用工方式、所带学生数、职称职级、薪酬满意度等。

三、数据分析方法

1. 多元线性回归模型

在估计影响因素对高职院校辅导员职业认同与职业能力的影响时，拟先采用多元线性回归模型进行估计，具体计量回归模型的方程表达式如下：

$$Y_i = \beta_0 + \beta_j \sum_{j=1}^{J} F_{ji} + \beta_K \sum_{K=1}^{K} C_{ki} + \varepsilon_i \tag{3.1}$$

其中，Y_i 表示第 i 个高职辅导员职业认同或职业能力得分，F 表示关注的主要自变量，C 为控制变量。J、K 分别代表的是家庭环境变量和控制变量的个数，j、k 分别表示第 j、k 个自变量。β 为相应自变量对 Y 的偏效应（partial effect）。ε 是模型无法解释的随机误差。借鉴现有量化研究文献的基本方法，本研究将采用普通最小二乘法（OLS）估计家庭环境与孩子心理健康状况和行为表现得分之间的关系。

2. 结构方程模型

随着统计分析技术的不断发展和进步，结构方程模型（structural equation modeling，简称 SEM）被广泛地运用于社会科学的数据分析领域（Bentler，1995；Bollen，1989[1]）。结构方程模型源自因子分析和路径分析，它的优势在于：在估计一组观察变量与其所代表的潜变量关系的同时，也能够分析各潜变量之间的关系，因此，潜变量之间的关系不再受到测量误差的影响（Benlter，1983）[2]。结构方程模型主要由两部分组成：基于因子分析的测量模型和基于路径分析的结构模型。测量模型建立观察变量与其所测量的潜变量之间的关

---

[1] Bollen K A. A new incremental fit index for general structural equation models [J]. Sociological Methods & Research，1989，17（3）：303-316.

[2] Bentler P M. Some contributions to efficient statistics in structural models：Specification and estimation of moment structures [J]. Psychometrika，1983，48（4）：493-517.

系，然后通过数据检验是否存在假设的因子结构。而结构模型主要是用来验证所假设的潜变量之间关系的模型（王济川、王小倩、姜宝法，2011）[1]。结构方程模型中的关系是假设的因果关系，自变量作用于因变量，而非实际的因果关系，真实的因果关系需要满足更严格的条件。检验因果关系通常使用实验研究，在严格控制变量的条件下探讨自变量与因变量之间的关系。路径模型是基于回归分析的技术，仍然保持回归分析的特点，所以路径模型可使用数个回归方程表达。一般情况下，路径模型使用的数学形式表示如下：

$$Y=a+BY+\Gamma X+\varepsilon \qquad (3.2)$$

由于截距是常数，通过对变量进行减均值处理后，截距项变为零，使得公式转变为：

$$Y=BY+\Gamma X+\varepsilon \qquad (3.3)$$

其中，Y 表示由 p 个内生变量组成的 $p \times 1$ 向量，为服从多元正态分布的随机变量，且残差项之间不存在相关性。X 为由 q 个外生变量组成的 $q \times 1$ 向量，为相关独立的非随机变量。Γ、B 是待估参数矩阵，B 是内生变量之间的系数矩阵，Γ 是外生变量与内生变量之间的系数矩阵。

在本研究所应用的具体统计方法与分析技术方面，主要步骤如下：在文献回顾和总结的基础上，确定了本研究各变量定义与结构维度。在回顾分析的基础上，选取职业能力为因变量，并以学校因素、学院因素、个体因素、职业认同为自变量，对研究模型、研究方法和问卷设计进行了详细阐述，构建了学校因素、学院因素、个体因素、职业认同和职业能力之间关系的假设模型，提出结构方程模型分析路径：

①直接效应：学校因素、学院因素、个体因素直接作用于辅导员职业能力；②中介效应：学校因素、学院因素、个体因素需要通过职业认同作用于辅导员职业能力；③调节效用：不同人口和组织特征会对学校因素、学院因素、个体因素与辅导员职业能力的关系产生影响。此外，为探究自变量学校因素、学院因素、个体因素，中介变量职业认同和结果变量职业能力之间的直接效应

---

[1] 王济川，王小倩，姜宝法.结构方程模型：方法与应用［M］.北京：高等教育出版社，2011.

和间接效应，采用结构方程模型来拟合四者之间的关系。在此基础上，将比较这三个模型的结果，比较模型优劣势。

一、研究内容

本研究基于高职院校的调研数据，分析学校因素、学院因素、个体因素对辅导员职业能力的影响，思考如何通过学校政策支持、学院组织环境营造和个体能力提升等方式，提升辅导员职业认同和辅导员职业能力。在对现有理论进行分析的基础上，提出研究框架与模型，通过问卷调查与访谈搜集研究数据。具体来说，实证研究主要包括七个方面的内容：

1.高职院校辅导员职业认同、职业能力差异性研究

目前辅导员队伍来源多样、专业多样、学历多样，区域间、高校间、高校内部辅导员发展政策、组织环境产生的差异性，导致辅导员职业认同和职业能力的差异性。本研究从东部经济发达地区、中部地区、经济欠发达地区三个区域类别，选择不同高职院校，探讨在不同的人口和组织特征下辅导员职业认同和职业能力的差异性，从而比较不同政策和组织环境下产生的不同结果。

2.学校政策与辅导员职业认同、职业能力关系研究

学校因素包括职业发展、能力培训、考核激励三个维度，主要是学校层面为辅导员发展提供的政策制度、保障措施以及成长平台。利用多元回归模型和结构方程模型分析职业发展、能力培训、考核激励等学校行为因素如何影响辅导员职业认同和职业能力，比较学校因素的三个方面对辅导员职业认同和职业能力影响的大小。同时，要探讨职业认同在学校因素与辅导员职业能力之间的中介效应和影响机制。根据上述分析，本研究提出以下假设：

假设 H1-1：学校因素与辅导员职业能力正相关

假设 H1-2：学校因素与辅导员职业能认同正相关

假设 H1-3：辅导员职业认同在学校因素和辅导员职业能力之间起中介作用

3. 学院因素与辅导员职业认同、职业能力关系研究

学院因素包括团队环境、沟通机制、学习成长三个维度，主要是学院层面为辅导员发展提供的组织环境以及学习平台。利用多元回归模型和结构方程模型分析团队环境、沟通机制、学习成长等学院行为因素如何影响辅导员职业认同和职业能力，比较学院因素的三个方面对辅导员职业认同和职业能力影响的大小。同时，要探讨职业认同在学院因素与辅导员职业能力之间的中介效应和影响机制。据上述分析，本研究提出以下假设：

假设 H2-1：学院因素与辅导员职业能力正相关

假设 H2-2：学院因素与辅导员职业认同正相关

假设 H2-3：辅导员职业认同在学院因素和辅导员职业能力之间起中介作用

4. 个体因素与辅导员职业认同、职业能力关系研究

个体因素包括理论学习、职业培训两个维度，主要是个体层面如何通过学习提升自身综合素质。利用多元回归模型和结构方程模型分析理论学习、职业培训等个体行为因素如何影响辅导员职业认同和职业能力，比较两个个体因素对辅导员职业认同和职业能力影响的大小。同时，要探讨职业认同在个体因素与辅导员职业能力之间的中介效应和影响机制。根据上述分析，本研究提出以下假设：

假设 H3-1：个体因素与辅导员职业能力正相关

假设 H3-2：个体因素与辅导员职业认同正相关

假设 H3-3：辅导员职业认同在个体因素和辅导员职业能力之间起中介作用

5. 辅导员职业认同、职业能力关系研究

职业认同包括职业情感、职业意志两个维度。利用多元回归模型和结构方程模型分析职业情感、职业意志如何影响辅导员职业能力，比较职业情感、职业意志两个维度对辅导员职业能力影响的大小。根据上述分析，本研究提出以下假设：

假设 H4：辅导员职业认同与职业能力正相关

6. 辅导员职业认同、职业能力影响因素研究

本研究拟选取的影响因素包括学校因素、学院因素、个体因素三个维度，利用多元回归模型和结构方程模型分析学校因素、学院因素、个体因素等影响因素如何影响辅导员职业认同和职业能力，比较三个因素对辅导员职业认同和职业能力影响的大小。同时，要探讨职业认同在三个影响因素与辅导员职业能力之间的中介效应和影响机制。

7. 辅导员职业发展对策研究

综观以上研究内容，本研究的着力点在于研究"怎么办"的问题，在于提出促进辅导员职业认同和职业能力提升的可操作化的政策建议。在对学校因素、学院因素、个体因素对辅导员职业能力影响机制分析的基础上，建立适合不同地区、不同高校的辅导员发展的政策和机制保障，营造适合辅导员职业发展的组织环境，建立学校、学院、辅导员多方参与的辅导员队伍建设机制，实现三方共赢，从而破解辅导员职业发展的瓶颈和难题。

以上相关研究假设汇总如表 3-1 所示。

表 3-1　研究假设汇总

假设序号	假设
H1-1	学校因素与辅导员职业能力正相关
H1-2	学校因素与辅导员职业认同正相关
H1-3	辅导员职业认同在学校因素和辅导员职业能力之间起中介作用
H2-1	学院因素与辅导员职业能力正相关
H2-2	学院因素与辅导员职业认同正相关
H2-3	辅导员职业认同在学院因素和辅导员职业能力之间起中介作用
H3-1	个体因素与辅导员职业能力正相关
H3-2	个体因素与辅导员职业认同正相关
H3-3	辅导员职业认同在个体因素和辅导员职业能力之间起中介作用
H4	职业认同与辅导员职业能力正相关

二、技术路线

技术路线如图 3-2 所示：

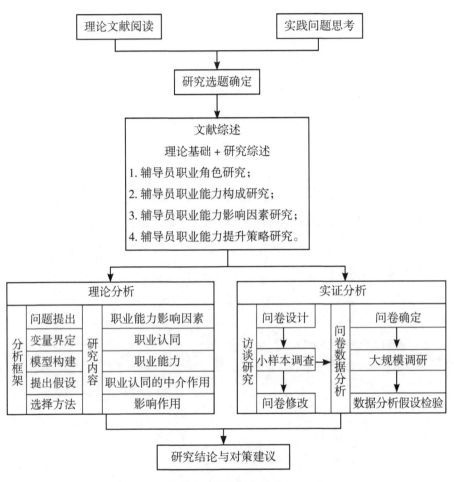

图 3-2　研究技术路线

第四章

高职院校辅导员
职业能力界定与测量

　　本研究基于国内外学者关于辅导员职业能力结构的研究，并依据我国相关政策对辅导员能力的界定，提出本研究中辅导员职业能力结构界定为三个要素：基础能力、专业能力和工作能力，职业认同构成界定为：职业情感和职业意志；结合文献回顾、访谈、问卷调查等方式，对辅导员职业能力关键影响因素进行有效识别，提出辅导员职业能力影响因素由辅导员职业认同及其他三个要素组成：学校因素、学院因素和个体因素。在此基础上设计并修改调查问卷，同时，对高职院校辅导员职业能力构成要素进行因子分析，通过信度、效度分析评估，证实了问卷的质量。

　　本研究主要以高职院校辅导员为研究和调查对象，采用主观感知的方法，受访者以匿名的形式对学校因素、学院因素、个体因素、职业能力作出判断和评价。量表采用李克特5点记分法，设置"非常不符合""不符合""一般""比较符合""非常符合"五个等级，分值分别为1、2、3、4、5。

第一节　职业能力界定与测量

一、职业能力界定

2014年3月教育部颁布《高等学校辅导员职业能力标准（暂行）》（以下

简称《能力标准》），《能力标准》对高校辅导员的职业名称、定义、能力特征、守则、知识及文化程度、政治面貌、培训要求等进行了明确，确定高校辅导员职业能力构成的九个维度、职业能力的三个等级和具体标准，为辅导员的培训体系、考核评估、职务职称评聘、奖励激励等提供了具体依据。

根据现有文件，辅导员职业能力初始测试条款三个维度的具体内容见表4-1。

表 4-1 辅导员职业能力初始测试条款

维度	题项描述
基础能力	H1 我能与学生保持很好的师生关系
	H2 我与同事的关系很好，与他们相处感觉很幸福
	H3 我的语言表达能力很强，逻辑清楚，重点突出
	H4 我在工作和生活中能很好调控自己的情绪
专业能力	H5 我掌握了倾听、共情、尊重等心理沟通技能
	H6 突发事件发生后，我会快速了解事件信息并对事件性质作出判断
	H7 我有能力在学生找我咨询时，为他提供专业的生涯规划指导
	H8 我能为学生提供实用的求职技巧
	H9 我能运用理论分析、调查研究等方法归纳分析学生工作相关问题
工作能力	H10 我会通过谈心谈话对学生进行理想信念教育，学生乐于接受
	H11 我会将社会主义核心价值观知识点融入就业指导等课程教学中
	H12 我能讲授具有一定理论水平、深受学生欢迎的党课、团课
	H13 对学生骨干我会经常公开表扬，并向上级部门推优
	H14 我熟悉学生所学专业的培养计划、专业前景
	H15 我能通过团体辅导、个别谈心等形式化解宿舍中学生之间的矛盾
	H16 我熟悉学生网络语言，善于通过网络平台发布相关内容吸引学生浏览、点击和评论，引导网络舆情

回顾国内外学者关于辅导员职业能力结构模型，依据《能力标准》相关概念界定，同时借鉴山东大学博士何萌定义的辅导员职业能力中专业能力维度分解为专业能力和工作能力两个维度，提出本研究辅导员职业能力结构模型。辅导员职业能力构成界定为三个要素组成：基础能力——调控自我行为的能力、相处环境行为能力（环境适应能力、人际交往能力）、实现需求行为能力（表达能力、沟通合作能力、学习与创新能力等）；专业能力——就业咨询能力、职业规划能力、学业指导能力、心理支持能力、危机处理能力；工作能力——思政教育能力、网络应用能力、骨干培养能力、日常管理能力、协同育人能力。

二、职业能力测量

请相关专家、学者对量表提出意见，并据此进一步完善问卷。首先分别和导师、多名教育学专业的博士、高职院校方面的专家就测量条款的内容效度进行探讨，修改和补充了一些项目；其次把初始问卷以专门拜访或电子邮件的形式，提请专家提出修改意见；最后将修改后的问卷请目标对象进行小范围的试测，根据现场试测反馈，消除初始问题项的歧义和不明确之处，最终形成影响因素的初始测试条款，如表4-2所示。

表4-2　辅导员职业能力影响因素"学校因素"初始测试条款

维度	题项描述
职业发展	A1 学校会根据辅导员的实际表现和工作年限确定相应行政级别，并享受同级待遇
	A2 学校辅导员职称评审参照教师岗位，单列计划、单设标准、单独评审
	A3 学校中层干部中很多都有辅导员工作经历
	A4 辅导员在职攻读硕士或博士可以脱产半年以上或提供学费资助
能力培训	A5 学校为辅导员参加各类培训提供机会和资金支持
	A6 学校举办的辅导员业务培训针对性强、效果很好

维度	题项描述
能力培训	A7 学校经常邀请知名专家进校开展辅导员专项培训
	A8 学校经常举办学生工作沙龙或内部经验交流学习活动
	A9 学校设立了学生工作相关课题，鼓励辅导员申报
考核激励	A10 学校每年业绩考核注重辅导员的实际工作表现
	A11 实际工作表现好的辅导员能获得各种荣誉和表彰
	A12 实际工作表现好的辅导员有机会参加校外培训或短期进修
	A13 学校辅导员职称评审会考虑实际工作表现，而不是唯科研论
	A14 学校会提拔实际工作表现好的辅导员担任中层干部

第二节　职业能力影响因素界定与测量

一、职业认同界定与测量

1. 职业认同构成界定

借鉴博士刘世勇（2014）对高校辅导员职业认同的界定，包括职业认知、职业情感、职业信念、职业意志、职业行为五个维度，而本研究着重研究辅导员对辅导员职业角色的认同和对辅导员岗位的坚持，着重考察两个维度，即职业情感和职业意志。

2. 职业认同测量

使用德尔菲法确定量表内容，并根据问卷小范围试测的现场反馈，消除初始问题项的歧义和不明确之处，最终形成影响因素的初始测量条款，如表 4-3 所示。职业情感主要通过他人态度、个人感受、价值尊重、个人价值、工作

表4-3　辅导员职业能力影响因素"学院因素"初始测试

维度	题项描述
团队环境	B1 我认为辅导员团队关系良好，团结互助
	B2 辅导员会集体申报相关课题
	B3 我和其他辅导员相比，工作量大致相当
	B4 当我工作突出时，领导会及时给我表扬
沟通机制	B5 我在工作中遇到困难，会主动寻求其他同事的帮助
	B6 我和同事之间的沟通和交流没有障碍
	B7 面对重大工作任务或复杂问题时，学院辅导员会分工协作
	B8 我会主动向领导汇报工作进展
	B9 领导会主动关心我的生活和工作困难
学习成长	B10 我刚入职的时候，领导会安排经验丰富的辅导员担任我的入职导师
	B11 学院召开的学生工作例会效率不高，不能解决实际问题
	B12 学院经常组织辅导员一起开展工作案例研讨
	B13 学院经常组织骨干辅导员介绍工作经验
	B14 学院会经常组织辅导员外出培训或考察

信心等次级维度和题项进行测量。其中，题项 D1 "我在乎别人如何看待高校辅导员群体"体现了对"他人态度"的测量。职业意志包含困难解决、冲突克服、社会地位、挫折应对、案例研讨、离职意愿，并通过相关题项进行操作化定义和测量。其中，D7 "在工作中遇到困难我会通过学习或寻求帮助去努力解决"体现了对"困难解决"次级维度的测量。

二、影响因素界定与测量

1. 职业能力影响因素识别

本研究中辅导员职业能力影响因素是指影响高校辅导员职业能力构成各

要素的各种内在、外在因素。有研究认为，影响高职院校辅导员职业能力建设的主要因素，大体可以分为团队环境因素、沟通机制因素和学习成长因素等方面，并综合已有的文献所得出的结论，高校辅导员职业能力依赖于以下四个层次的影响因素：第一层次是个人的职业能力影响因素，即辅导员应该从自身的角度来进行职业能力提升，包括自己的理论学习、职业培训等；第二层次是组织环境对辅导员职业能力提升的支持，即团队环境、沟通机制、学习成长等；第三层次是学校因素，即高校对辅导员职业能力的提升策略，包括职业发展、能力培训和考核激励等；第四层次是宏观的影响因素，即政府支持或参与辅导员职业能力提升的过程，主要是政府建立辅导员职业能力提升的制度与政策等。从上述四个层次的共同点看，这些层次其实都可以通过高校组织建立各种机制来实现。为便于理解，本研究将学校层次定义为学校因素、组织环境定义为学院因素、个人层次称定义为个体因素。

从文献综述中可以看到，学者都认为高校可以通过制度改革、能力培训、组织环境构建来提升辅导员职业能力，包括职业晋升通道、职称评审、业务培训、理论研究、教学能力提升和考核激励制度等。辅导员个人层次对职业能力提升的影响因素完全取决于自身对职业能力提升和职业价值的追求。从本研究对辅导员职业能力的定义全面分析来看，政府宏观层次作为一个重要因素直接影响辅导员职业能力的评价结果，但宏观因素与国家顶层设计有关，全国高校按照中央文件要求执行同一标准，调整空间有限。基于上述分析，本研究对辅导员职业能力提升的研究集中于分析上述四个层次中的第二层次和第三层次，对辅导员职业能力影响因素的分析也集中于第二层次和第三层次的影响因素。因此，本研究以构建辅导员职业能力结构模型为出发点，基于高校组织层次角度分析辅导员职业能力提升中的问题和难点，注重挖掘高校组织层次的深层次因素，分析辅导员职业能力的关键影响因素，识别并进行区分，提出环境、制度等内外环境的改变措施。

基于高校组织层次进行研究，探讨辅导员职业能力提升的具体制度和举措，使辅导员获得职业机会、职业能力提升和生涯发展的可持续动力，特别是提升辅导员的专业能力和工作绩效，提高辅导员队伍稳定性和团队育人能力，进而提升人才培养质量，服务社会经济发展。以组织层次视角提升辅导员职业能力的实质就是实现辅导员队伍的人力资源开发。本研究将结合文献回顾、访谈、问卷调查等方式，对辅导员职业能力关键影响因素进行有效识别。

2. 职业能力影响因素访谈结果分析

访谈是一种收集第一手资料的研究方法。通过营造轻松氛围进行结构化或非结构化访谈，或进行学术研究的匿名访谈，能够收集问卷调查等数据收集方法无法获得的深层次的研究数据信息，挖掘现象背后的个人原因和社会作用机制，弥补了定量数据分析研究的不足，一定程度上提高了研究结果的信度和效度。因此，本研究以文献研究为基础，以半结构化深度访谈向学校领导、辅导员、学生收集辅导员职业能力影响因素的相关数据和资料，通过内容分析法对访谈内容进行分析，最终获得辅导员职业能力的关键影响因素。

（1）访谈设计。

本研究围绕辅导员职业能力影响因素这一主题，主要设计了如下四类题目。①请您谈谈辅导员获得职业岗位和职业发展主要依赖哪些能力？②请您谈谈您对高校现有培养辅导员职业能力措施的看法？③您认为辅导员职业能力提升的主要影响因素有哪些？④您认为高校应该采取怎样的措施来促进辅导员职业能力提升？

第一类题目主要是了解辅导员职业能力的构成；第二类题目主要是了解高校辅导员职业能力提升的现状；第三类题目主要是了解辅导员职业能力的影响因素；第四类题目主要是了解高校如何创新辅导员职业能力提升路径进行辅导员职业能力开发。

题目设计完成后，首先与深圳职业技术学院相关专家进行访谈，访谈结果具备较好效果。其次，与目前仍在辅导员岗位且取得优秀成绩的辅导员进行正式访谈，获取辅导员岗位的关键能力以及辅导员职业能力影响因素的原始资料。针对四类问题采用不同提问方式和多次提问的访谈方式，围绕辅导员职业能力的构成要素、职业认同、职业能力影响因素等问题进行深度访谈，为进一步开展量化研究提供原始资料和相关数据。

（2）访谈对象。

在访谈取样时，需要防止样本过于集中导致结果失真。因此本研究通过与来自不同地区、不同高校辅导员进行访谈，避免样本过于集中。经过近1个月的时间先后在广州、深圳等地对30位人员进行了深度访谈。

（3）访谈结果。

通过对访谈结果进行归纳总结，得出主要结论：①晋升通道。学校要为辅导员职务晋升、职称评审提供渠道，特别在职称评审中要单设指标、单独评审等。②干部选拔。学校中层干部选拔要向优秀辅导员倾斜，并保持适当比例。③学历提升。学校对辅导员学历提升给予经费和在职学习方面的资助和支持。④职业资格。高职院校实施"双师型"队伍建设，学校要按照"双师型"培养要求支持辅导员获得心理咨询师、就业指导师等职业资格证书。⑤职业培训。学校要为辅导员职业能力提升提供精准培训，通过送出去、请进来等多种方式，开展高质量的专业能力培训。⑥理论研究。辅导员要以专业教师标准要求提升理论研究水平，学校对辅导员要加大课题研究的支持力度，支持辅导员开展学生工作相关课题研究，并通过理论指导实践工作。⑦考核评估。学校要制定科学公平的考核体系，对辅导员工作绩效进行有效评价。⑧激励制度。学校对表现突出的辅导员要及时激励，通过制度、环境建设给优秀辅导员职业发展提供平台。⑨人际关系。学校要为辅导员工作的人文环境建设创造条件，积极营造团结、和谐的人际关系氛围，领导要直接融入辅导员团队建设中去。⑩有效沟通。学校要为辅导员内部之间、与领导之间、跨部门之间实现无障碍沟通提供条件。⑪职业指导。学校要为辅导员职业发展提供指导和支持。⑫学习氛围。学校要通过辅导员论坛、工作沙龙、经典案例研讨等方式，在辅导员内部形成学习和成长的良好环境。⑬个体成长。学校要支持辅导员个体通过各种方式提高职业能力。

3.影响因素界定与测量

根据对辅导员职业能力结构的解析，结合访谈结果，本研究将辅导员职业能力影响因素界定为三个层次八大因素：学校因素（职业发展、能力培训、考核激励）、学院因素（团队环境、沟通机制、学习成长）、个体因素（理论学习、职业培训）。这八个影响因素分别对职业能力结构的三个构成要素产生直接的影响，是辅导员的基础能力、专业能力、工作能力的最主要的影响因素。

结合文献分析，根据实际访谈结果拟定量表题目。在内容的选择方面，考虑到影响因素涉及面既多又广，为了便于深入研究，结合中介变量职业认同和结果变量职业能力一起梳理文献，选择其中对职业认同和职业能力有一定影响，同时受测对象又有相应的信息来回答的题项作为量表题目，对问卷的形式、结构和措辞都进行了认真的考量。

请相关专家、学者对量表提出意见，并据此进一步完善问卷。首先分别和导师、多名教育学专业的博士、高职院校方面的专家就测量条款的内容效度进行探讨，修改和补充了一些项目；其次把初始问卷以专门拜访或电子邮件的形式，提请专家提出修改意见；最后将修改后的问卷请目标对象进行小范围的试测，根据现场试测反馈，消除初始问题项的歧义和不明确之处，最终形成影响因素的初始测量条款如表4-4、表4-5所示。

表4-4　辅导员职业能力影响因素"个体因素"初始测试条款

维度	题项描述
理论学习	C1 我每天都会关注国家大事和政治热点问题
	C2 我会购买或到图书馆借阅管理学、心理学、教育学、职业生涯规划、就业指导方面的书籍，并在工作中进行运用
	C3 我主持或参与过思想政治教育或学生工作方面的课题

维度	题项描述
职业培训	C4 我参加过思想政治理论、形势与政策等方面的专题培训，觉得对工作有指导意义
	C5 我参加过心理、职业生涯、危机干预等方面的专题培训，觉得对工作有指导意义
	C6 我参加过计算机及网络技能等方面的专题培训，觉得对工作有指导意义
	C7 我参加过学术研究能力的专题培训，觉得对工作有指导意义
	C8 我参加过心理、就业等课程教学技能的培训，对提高课堂效果很有帮助

表 4-5　辅导员认同初始测试条款

维度	题项描述
职业情感	D1 我在乎别人如何看待高校辅导员群体
	D2 当有人无端指责辅导员群体时，我感到自己受到了侮辱
	D3 我认为辅导员职业是值得尊敬的，担负着重要责任
	D4 我适合做高校辅导员，它可以实现我的人生价值
	D5 我对做好辅导员工作充满信心
	D6 在人际关系中，我常常因为自己是辅导员而感到自卑
职业意志	D7 在工作中遇到困难我会通过学习或寻求帮助去努力解决
	D8 即使我的工作对家庭带来一定的冲突，我仍愿意从事辅导员
	D9 随着国家对思想政治教育的重视度增加，我相信辅导员的地位会越来越高
	D10 在职称或职务评聘过程中，即使我暂时落后于其他岗位人员，我也不愿意转岗
	D11 在产生职业倦怠时我会积极想办法克服。
	D12 如果有机会重新选择，我仍然会选择高校辅导员这一职业

第三节　职业能力因子分析

本研究所使用的学校因素、学院因素、个体因素、职业能力四个量表是根据访谈及在相关文献基础上自行开发设计完成，需要对量表信度、效度进行检验，对量表有效性进行检验，提高问卷质量。本节通过对小样本进行测试，通过信度分析和探索性因子分析筛选问卷题项，删除或合并影响比较小的题项，精简问卷，从而得到正式调查问卷。

一、探索性因子分析

小样本调查共发放 89 份问卷，回收 89 份，回收率 100%；确定有效问卷为 89 份，有效率为 100%。样本来自深圳职业技术学院 89 名辅导员，男辅导员 37 人，女辅导员 52 人；硕士学历的辅导员占比 79.77%，博士学历仅占 8.99%；被试者以 30 岁以下的辅导员为主，占比 49.44%，30—40 岁辅导员占 47.2%，40 岁以上的辅导员仅占 3.36%；51.69% 的辅导员毕业院校为 985 或 211 高校；30.34% 的辅导员毕业于学生工作相关的专业，文科其他专业的辅导员占比 34.83%，理工科专业的辅导员占比 34.83%；具有正式编制的辅导员占 49.44%，属于学校聘用制用工的辅导员占比 43.82%，属于其他用工方式的辅导员占比 6.74%。调查时间为 2020 年 3 月，被试者分布情况如表 4-6 所示。

表 4-6 小样本被试情况统计表

统计变量	具体的统计层次	人数	百分数 / %
性别	男	37	41.57
	女	52	58.43
学历	本科	10	11.24
	硕士	71	79.77
	博士	8	8.99
年龄	30 岁以下（含 30 岁）	44	49.44
	30-35 岁（含 35 岁）	21	23.60
	35-40 岁（含 40 岁）	21	23.60
	40 岁及以上	3	3.36
毕业院校	985 或 211 高校	46	51.69
	普通高校	35	39.33
	国外高校	5	5.62
	其他	3	3.36
专业	学生工作相关	27	30.34
	文科其他	31	34.83
	理工科	31	34.83
用工方式	正式编制	44	49.44
	学校聘用制	39	43.82
	外聘	0	0
	其他	6	6.74

1. 学校因素量表的净化和探索性因子分析

（1）学校因素量表的 CITC 及信度分析

从表 4-7 的分析来看，学校因素量表所有测试项目的 CITC 值都大于

高职院校辅导员职业能力
及影响因素实证研究

表 4-7　学校因素量表的 CITC 及信度分析

测量项目	初始 CITC 值	最终 CITC 值	删除该项目后的 α 系数	量表 α 系数
A1	0.707	0.941	0.941	
A2	0.614	0.943	0.943	
A3	0.686	0.941	0.941	
A4	0.604	0.943	0.943	
A5	0.701	0.941	0.941	
A6	0.726	0.940	0.940	
A7	0.754	0.939	0.939	初始 α =0.944
A8	0.757	0.939	0.939	最终 α =0.944
A9	0.743	0.940	0.940	
A10	0.773	0.939	0.939	
A11	0.757	0.939	0.939	
A12	0.782	0.939	0.939	
A13	0.774	0.939	0.939	
A14	0.754	0.939	0.939	

0.5，删除任一项目，α 系数都会减小，因此所有测试项目都予以保留。学校因素量表 α 系数为 0.944，远大于 0.7，学校因素量表符合要求。

（2）学校因素的 KMO 值及 Bartlett 球形检验分析。

从表 4-8 可以看出，学校因素量表经过检验发现，KMO 测量值为 0.949，

表 4-8　学校因素的 KMO 值及 Bartlett 球形检验

Kaiser–Meyer–Olkin 值		0.949
Bartlett 球形检验	近似卡方值	10717.286
	自由度（df）	91
	显著度（sig）	0.000

Bartlett 球形检验显著度小于 0.001，符合探索性因素分析的要求。

（3）学校因素量表的探索性因子分析。

通过主成分分析法，对学校因素量表进行因子提取，三个因子特征值大于 1，分别为 3.127、3.062、2.694，学校因素量表累计方差贡献率 63.448%，大于 50%。题项 A6 对每个因素的解释小于 0.5，予以删除。删除后，如表 4-9 所示，学校因素量表因素总的解释变量由原来的 63.448% 提升到 64.257%。学校因素量表的因子碎石图如图 4-1 所示。

学校因素量表最终累计方差贡献率如表 4-9 所示。

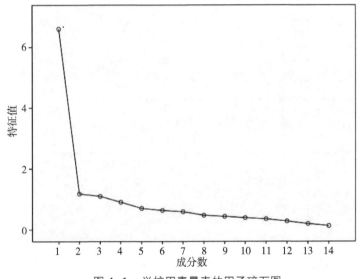

图 4-1　学校因素量表的因子碎石图

表 4-9　学校因素量表探索性因子分析

成分因素	旋转平方和载入		
	特征值	方差贡献率 / %	累计方差贡献率 / %
1	2.929	22.527	22.527
2	2.898	22.291	44.818
3	2.527	19.438	64.257

学校因素量表最终探索性因子分析结果如表 4-10 所示。

表 4-10　学校因素量表最终探索性因子分析结果

维度	题项	成分因素		
		1	2	3
职业发展	A3	0.815	0.094	0.195
	A1	0.780	−0.005	0.303
	A2	0.762	0.143	0.217
	A4	0.651	0.184	0.244
能力培训	A7	0.134	0.776	0.170
	A8	0.326	0.744	0.058
	A5	0.448	0.702	0.085
	A9	−0.027	0.627	0.405
考核激励	A13	0.204	0.171	0.828
	A11	0.219	0.360	0.766
	A10	0.437	0.223	0.725
	A12	0.258	0.435	0.637
	A14	0.181	0.373	0.587

2. 学院因素量表的净化和探索性因子分析

（1）CITC 及信度分析。

表 4-11　学院因素量表的 CITC 及信度分析

测量项目	初始 CITC 值	最终 CITC 值	删除该项目后的 α 系数	量表 α 系数
B1	0.706	0.904	0.904	
B2	0.710	0.903	0.903	
B3	0.603	0.907	0.907	
B4	0.787	0.900	0.900	
B5	0.689	0.905	0.905	

续表 4-11

测量项目	初始 CITC 值	最终 CITC 值	删除该项目后的 α 系数	量表 α 系数
B6	0.628	0.907	0.907	
B7	0.718	0.904	0.904	
B8	0.569	0.909	0.909	
B9	0.758	0.901	0.901	初始 α =0.913
B10	0.721	0.903	0.903	最终 α =0.913
B11	0.519	0.934	0.934	
B12	0.746	0.902	0.902	
B13	0.744	0.902	0.902	
B14	0.672	0.905	0.905	

从表 4-11 分析来看，学院因素量表所有测试项目的 CITC 值都大于 0.5，删除任一项目，α 系数都会减小，因此所有测试项目都予以保留。学院因素量表 α 系数为 0.913，远大于 0.7，学院因素量表符合要求。

（2）学院因素的 KMO 值及 Bartlett 球形检验。

从表 4-12 可以看出，学院因素量表经过检验发现，KMO 测量值为 0.943，Bartlett 球形检验显著度小于 0.001，符合探索性因素分析的要求。

表 4-12　学院因素的 KMO 值及 Bartlett 球形检验

Kaiser–Meyer–Olkin 值		0.943
Bartlett 球形检验	近似卡方值	9386.076
	自由度（df）	91
	显著度（sig）	0.000

（3）学院因素量表的探索性因子分析。

通过主成分分析法，对学院因素量表进行因子提取，三个因子特征值大于 1，分别为 3.196、3.021、2.170，学院因素量表累计方差贡献率 59.907%（表 4-13），大于 50%，碎石图如图 4-2 所示。

学校因素量表最终累计方差贡献率如表 4-13 所示。

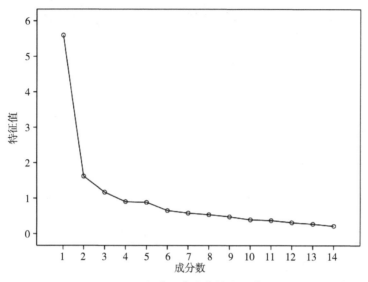

图 4-2　学院因素量表的因子碎石图

表 4-13　学院因素量表累计方差贡献率

成分因素	旋转平方和载入		
	特征值	方差贡献率 / %	累计方差贡献率 / %
1	3.196	22.827	22.827
2	3.021	21.577	44.404
3	2.170	15.502	59.907

学院因素量表最终探索性因子分析结果如表 4-14 所示。

表 4-14　学院因素量表探索性因子分析结果

维度	题项	成分因素		
		1	2	3
团队环境	B2	0.118	0.155	0.700
	B1	0.417	0.023	0.645
	B3	0.219	0.106	0.631
	B4	0.435	0.287	0.596

维度	题项	成分因素		
		1	2	3
沟通机制	B6	0.114	0.848	0.045
	B5	0.179	0.768	0.103
	B7	0.090	0.714	0.285
	B8	0.089	0.604	0.341
	B9	0.341	0.637	0.383
学习成长	B13	0.845	0.099	0.069
	B14	0.738	0.133	0.098
	B12	0.735	0.166	0.257
	B11	0.693	−0.042	0.053
	B10	0.560	0.318	0.475

3. 个体因素量表的净化和探索性因子分析

（1）CITC 及信度分析。

表 4-15　个体因素量表的 CITC 及信度分析

测量项目	初始 CITC 值	最终 CITC 值	删除该项目后的 α 系数	量表 α 系数
C1	0.562	0.889	0.889	
C2	0.648	0.882	0.882	
C3	0.527	0.899	0.899	
C4	0.743	0.872	0.872	初始 α=0.893
C5	0.724	0.875	0.875	最终 α=0.893
C6	0.759	0.871	0.871	
C7	0.722	0.874	0.874	
C8	0.753	0.871	0.871	

从表 4-15 的分析来看，个体因素量表所有测试项目的 CITC 值都大于

0.5，删除任一项目，α 系数都会减小，因此所有测试项目都予以保留。个体因素量表 α 系数为 0.893，远大于 0.7，个体因素量表符合要求。

（2）个体因素的 KMO 值及 Bartlett 球形检验。

表 4-16　个体因素的 KMO 值及 Bartlett 球形检验

Kaiser–Meyer–Olkin 值		0.900
Bartlett 球形检验	近似卡方值	4631.746
	自由度（df）	28
	显著度（sig）	0.000

从表 4-16 可以看出，个体因素量表经过检验发现，KMO 测量值为 0.900，Bartlett 球形检验显著度小于 0.001，符合探索性因素分析的要求。

（3）个体因素量表的探索性因子分析。

通过主成分分析法，对个体因素量表进行因子提取，两个因子特征值大于 1，分别为 3.111、1.582，个体因素量表累计方差贡献率 58.657%，大于 50%，碎石图如图 4-3 所示。

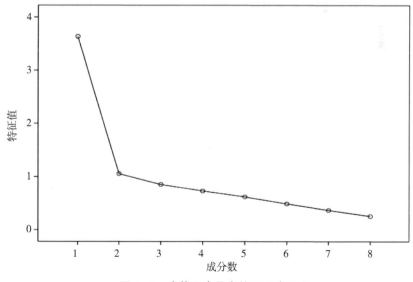

图 4-3　个体因素量表的因子碎石图

个体因素量表最终累计方差贡献率如表 4-17 所示。

表 4-17 个体因素量表累计方差贡献率

成分因素	旋转平方和载入		
	特征值	方差贡献率 / %	累计方差贡献率 / %
1	3.111	38.882	38.882
2	1.582	19.775	58.657

个体因素量表最终探索性因子分析结果如表 4-18 所示。

表 4-18 个体因素量表探索性因子分析结果

维度	题项	成分因素	
		1	2
理论学习	C1	0.076	0.899
	C2	0.279	0.702
	C3	0.140	0.511
职业培训	C6	0.832	0.140
	C7	0.769	0.003
	C5	0.738	0.292
	C8	0.697	0.202
	C4	0.672	0.342

4. 职业认同量表的净化和探索性因子分析

（1）CITC 及信度分析。

表 4-19 职业认同量表的 CITC 及信度分析

测量项目	初始 CITC 值	最终 CITC 值	删除该项目后的 α 系数	量表 α 系数
D1	0.487	0.450	0.876	
D2	0.432	0.396	0.878	

测量项目	初始 CITC 值	最终 CITC 值	删除该项目后的 α 系数	量表 α 系数
D3	0.557	0.589	0.873	
D4	0.770	0.796	0.859	
D5	0.737	0.769	0.862	
D6	0.036	—	0.912	
D7	0.637	0.657	0.870	初始 α=0.880
D8	0.751	0.760	0.860	最终 α=0.912
D9	0.677	0.713	0.865	
D10	0.667	0.666	0.865	
D11	0.743	0.770	0.863	
D12	0.744	0.767	0.860	

从表 4-19 的分析来看，职业认同量表所有测试项目中 D6 的始值 CITC 值小于 0.5，予以删除，删除后 α 系数从 0.880 上升到 0.912，远大于 0.7，职业认同量表符合要求。

（2）职业认同的 KMO 值及 Bartlett 球形检验。

表 4-20　职业认同的 KMO 值及 Bartlett 球形检验

Kaiser–Meyer–Olkin 值		0.911
Bartlett 球形检验	近似卡方值	7703.866
	自由度（df）	55
	显著度（sig）	0.000

从表 4-20 可以看出，职业认同量表经过检验发现，KMO 测量值为 0.911，Bartlett 球形检验显著度小于 0.001，符合探索性因素分析的要求。

（3）职业认同量表的探索性因子分析。

通过主成分分析法，对职业认同量表进行因子提取。如表 4-21 所示，两个因子特征值大于 1，分别为 5.051、1.822，职业认同量表累计方差贡献率 62.488%，大于 50%。碎石图如图 4-4 所示。

职业认同量表最终累计方差贡献率如表 4-21 所示。

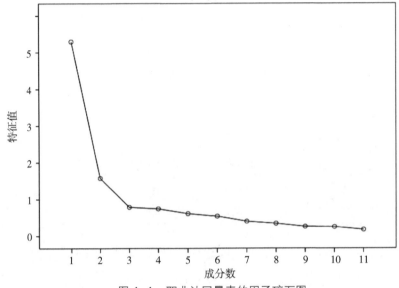

图 4-4　职业认同量表的因子碎石图

表 4-21　职业认同量表累计方差贡献率

成分因素	旋转平方和载入		
	特征值	方差贡献率 / %	累计方差贡献率 / %
1	5.051	45.922	45.922
2	1.822	16.566	62.488

职业认同量表最终探索性因子分析结果如表 4-22 所示。

表 4-22　职业认同量表探索性因子分析结果

维度	题项	成分因素	
		1	2
职业情感	D4	0.857	0.019
	D5	0.842	0.031

续表 4-22

维度	题项	成分因素	
		1	2
职业情感	D2	0.841	0.046
	D1	0.826	0.026
	D3	0.691	0.318
职业意志	D12	0.857	−0.025
	D10	0.816	0.048
	D8	0.763	0.140
	D11	0.746	0.084
	D7	0.626	0.409
	D9	0.592	0.209

5. 职业能力量表的净化和探索性因子分析

（1）CITC 及信度分析

表 4-23　职业能力量表的 CITC 及信度分析

测量项目	初始 CITC 值	最终 CITC 值	删除该项目后的 α 系数	量表 α 系数
H1	0.750	0.966	0.966	
H2	0.700	0.967	0.967	
H3	0.733	0.966	0.966	
H4	0.759	0.966	0.966	
H5	0.831	0.965	0.965	初始 α=0.967
H6	0.837	0.964	0.964	最终 α=0.967
H7	0.819	0.965	0.965	
H8	0.824	0.965	0.965	
H9	0.836	0.964	0.964	
H10	0.856	0.964	0.964	

测量项目	初始 CITC 值	最终 CITC 值	删除该项目后的 α 系数	量表 α 系数
H11	0.838	0.964	0.964	
H12	0.742	0.966	0.966	
H13	0.774	0.965	0.965	
H14	0.756	0.966	0.966	
H15	0.846	0.964	0.964	
H16	0.798	0.965	0.965	

从表 4-23 的分析来看，职业能力量表所有测试项目的 CITC 值都大于 0.5，删除任一项目，α 系数都会减小，因此所有测试项目都予以保留。职业能力量表 α 系数为 0.967，远大于 0.7，职业能力量表符合要求。

（2）职业能力的 KMO 值及 Bartlett 球形检验。

表 4-24　职业能力的 KMO 值及 Bartlett 球形检验

Kaiser–Meyer–Olkin 值		0.971
Bartlett 球形检验	近似卡方值	16327.823
	自由度（df）	120
	显著度（sig）	0.000

从表 4-24 可以看出，职业能力量表经过检验发现，KMO 测量值为 0.971，Bartlett 球形检验显著度小于 0.001，符合探索性因素分析的要求。

（3）职业能力量表的探索性因子分析。

通过主成分分析法，对职业能力量表进行因子提取。三个因子特征值大于 1，分别为 4.306、4.264、1.861，职业能力量表累计方差贡献率 65.192%，大于 50%。题项 H11、H12 的载荷差值小于 0.2，予以删除。如表 4-25 所示，删除后，职业能力因素量表总的解释变量由原来的 65.192 提升到 66.513%。碎石图如图 4-5 所示。

职业能力量表最终累计方差贡献率如表 4-25 所示。

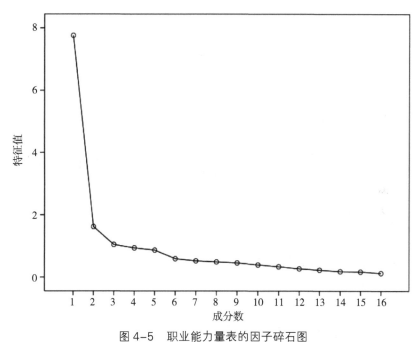

图 4-5　职业能力量表的因子碎石图

表 4-25　职业能力量表最终累计方差贡献率

成分因素	旋转平方和载入		
	特征值	方差贡献率 / %	累计方差贡献率 / %
1	3.927	26.179	26.179
2	3.702	24.678	50.857
3	2.348	15.656	66.513

职业能力量表最终探索性因子分析结果如表 4-26 所示。

表 4-26　职业能力量表探索性因子分析结果

维度	题项	成分因素		
		1	2	3
基础能力	H1	0.095	0.709	0.288
	H3	0.262	0.685	0.179
	H4	0.072	0.672	0.397
	H2	0.097	0.869	0.156
专业能力	H7	0.819	0.294	0.270
	H8	0.806	0.285	0.204
	H9	0.717	0.417	0.037
	H5	0.622	0.190	0.556
	H6	0.484	0.387	0.397
工作能力	H14	0.196	0.827	−0.021
	H10	0.311	0.717	0.051
	H13	0.033	0.672	0.308
	H16	0.418	0.672	0.130
	H15	0.445	0.609	0.134

6. 正式调查量表的确认

经过分析和净化，学校因素、学院因素、个体因素、职业认同、职业能力5 个量表的因子数和量表信度如表 4-27 所示。

表 4-27　量表因子数及信度

变量	因子数量	信度
学校因素	3	0.898
学院因素	3	0.832
个体因素	2	0.806
职业认同	2	0.878
职业能力	3	0.916

高职院校辅导员职业能力
及影响因素实证研究

二、验证性因子分析

本研究样本来自广东等 7 省（自治区），每个省选择 1—2 所高职院校。因新冠疫情，问卷主要采用网络问卷星，由高职院校负责通知辅导员在线答题。Gorsuch（1983）认为样本量应保证测量项目与受访者的比例为 1∶5 以上，最后达到 1∶10；本研究采用此观点，共发放 1062 份问卷，回收 1062 份，回收率 100%，确定有效问卷为 1062 份，有效率为 100%。其中男辅导员 404 人，女辅导员 658 人，调查时间为 2020 年 4—5 月。

1. 正式调查量表的信度分析

本研究采用 Cronbach's α 系数来检验变量的信度，考察正式问卷各题项之间是否具有内部一致性，检验结果见表 4-28。各问卷 Cronbach's α 值从 0.688 到 0.938，远高于相关学者建议的临界值 0.6，达到了可以接受的水平，显示问卷具有较好的内部一致性信度。

表 4-28　量表信度

变量	α	变量	α	变量	α	变量	α	变量	α
职业发展	0.818	团队环境	0.821	理论学习	0.688	职业情感	0.798	基础能力	0.883
能力培训	0.871	沟通机制	0.875	职业培训	0.901	职业意志	0.895	专业能力	0.938
考核激励	0.910	学习成长	0.745					工作能力	0.922

2. 正式调查量表的效度分析

其一，内容效度是指测验题目对所要测量的内容范围的代表性程度，即测验题目对有关内容或行为范围取样的适当性。问卷来源于文献综述、访谈和开放式调查，问卷编制后由心理学专家、辅导员和学校管理者对项目的适当性和科学性进行评定，保证问卷能反映辅导员的实际情况。而且在问卷形成前，进行了小样本测试，对不符合要求的项目进行了删除，该问卷具有较高的内容效度。

其二，评估同源性方差的影响程度，采用方差最大旋转法对问卷中变量所有测量题目进行探索性因子分析，从分析结果看，60 个项目的因子载荷从 0.72 到 0.86，明显高于专家建议的 0.6 的临界水平（蒋春艳、赵署名，2006），而且具有很强的统计显著性（$p<0.001$），表明问卷有较强的内敛效度。学校因素、学院因素、个体因素、职业认同、职业能力的因子累计贡献率远超过 Streiner（1994）所建议的 50% 的标准。从采样充足度结果分析，三个量表 KMO 值都大于 0.8，Batelett 球形检验通过 0.001 的高度显著性检验。

其三，使用 AMOS 对量表进行验证性因子分析，检验建构效度和区分效度，本研究采用逐步合并因子法。从表 4-29 看，基本模型（13 因子）是拟合最好的模型，各项指标均达到了可接受的水平，从合并第一个因子开始，模型指标变差并超出可接受水平，因此整个量表具有良好的建构效度和区分效度。

表 4-29　验证性因子分析结果

拟合指数	X^2/df	CFI	AGFI	NFI	RMSEA
基本理论模型（13 因子）	11.172	0.952	0.862	0.947	0.098
A1+A2+A3+B1+B2+B3（8 因子）	16.671	0.920	0.780	0.916	0.122
A1+A2+A3+B1+B2+B3+C1+C2（6 因子）	25.127	0.871	0.678	0.867	0.151
A1+A2+A3+B1+B2+B3+C1+C2+D1+D2（4 因子）	34.288	0.686	0.553	0.812	0.177
A1+A2+A3+B1+B2+B3+C1+C2+D1+D2+H1+H2+H3（1 因子）	61.635	0.660	0.329	0.657	0.239

本章对辅导员职业能力及其影响因素的构成进行了界定和测量，设计问卷并进行小样本测试。小样本数据来源于深圳职业技术学院全体辅导员，对问卷的学校因素、学院因素、个体因素、职业认同、职业能力五个量表进行信息分析和探索性因子分析。删减和精简问卷，最终确定辅导员职业能力的要素构成为基础能力、专业能力和工作能力；辅导员职业认同的要素构成为职业情感和职业意志；辅导员职业能力影响因素由三个要素组成：学校因素、学院因素和个体因素。基于此，本研究形成正式调查问卷，并通过信度、效度分析评估证实问卷的质量。对样本进行频数分布情况分析，了解辅导员整体特征。

第五章

高职院校辅导员
职业能力现状描述

　　个人和环境的相互作用对辅导员职业能力有不同程度的影响，本研究从辅导员的性别、学历、毕业院校、专业、用工方式、所带学生数、职称、薪酬满意度和不同地区等因素对辅导员职业能力进行分析。本章结合人职匹配理论和学生工作者发展阶段理论，研究辅导员在不同人口与组织特征下的职业能力的基本现状和差异。1062 份有效问卷在职业能力不同题项、维度的平均水平存在差异，通过描述性统计分析并结合访谈结果，揭示辅导员职业能力基本情况。

第一节　　样本描述

一、个体层面

　　如表 5-1 所示，参与问卷调查的 1062 名辅导员中，女辅导员比男辅导员多，分别为 38.04% 和 61.96%。硕士学历最多，为 59.89%；其次为本科学历，为 39.27%；博士学历只占 0.85%。30 岁以下辅导员比例最大，为 40.49%；30—35 岁辅导员比例为 30.04%；40 岁以上辅导员仅占 8%。63.09% 的辅导员毕业于普通高校，27.68% 的辅导员毕业于 985 或 211 高校。65.73% 的辅导员已婚。本专业为思想政治教育、心理学、教育学、社会学等学生工作相关专业的辅导员占 25.24%，文科其他专业的辅导员为 41.62%，理工科辅导员为

33.15%。有心理咨询师、就业指导师、职业生涯规划师等学生工作相关职业资格的辅导员占 36.92%。

表 5-1 个人层面变量描述性统计

统计变量	具体的统计层次	人数	百分数 / %
性别	男	404	38.04
	女	658	61.96
学历	本科	417	39.27
	硕士	636	59.89
	博士	9	0.85
年龄	30 岁以下	430	40.49
	30—35 岁	319	30.04
	35—40 岁	228	21.47
	40 岁以上	85	8
毕业院校	985 或 211 高校	294	27.68
	普通高校	670	63.09
	国外高校	33	3.11
	其他	65	6.12
婚姻	已婚	698	65.73
	未婚	364	34.27
专业	学生工作相关	268	25.24
	文科其他	442	41.62
	理工科	352	33.15
资格证书	心理咨询师	206	19.4
	就业指导师	122	11.49
	职业生涯规划师	64	6.03
	其他资格证书	526	49.53
	无	342	32.2

高职院校辅导员职业能力
及影响因素实证研究

二、组织层面

参与问卷调查的 1062 名辅导员中，来自东部经济发达地区（广东、浙江）的辅导员占 35.5%；来自中部地区（湖南、河南、河北）的辅导员占 48.87%；来自西部地区（内蒙古、甘肃）的辅导员占 15.63%。表 5-2（1）显示，

表 5-2（1） 组织层面控制变量描述性统计

统计变量	类别	人数	百分数 / %
担任教学	是	790	74.39
	否	272	25.61
用工方式	正式编制	622	58.57
	学校聘用制	381	35.88
	外聘	21	1.98
	其他	38	3.58
职称	教授	2	0.19
	副教授	31	2.92
	讲师	357	33.62
	助教	344	32.39
	无	328	30.89
职级	正处	1	0.09
	副处	13	1.22
	正科	51	4.8
	副科	60	5.65
	无	937	88.23
职务	学工办主任	70	6.59
	分团委书记	91	8.57
	学生会、社团联合会指导教师	230	21.66
	学生党支部书记	114	10.73
	无	695	65.44

74.39%的辅导员承担教学工作，58.57%的辅导员拥有正式编制，35.88%的辅导员属于学校聘用。33.62%的辅导员职称为讲师，32.39%的为助教。88.23%的辅导员没有职级，34.56%的辅导员担任学工办主任、学生党支部书记等职。

表5-2（2）显示，50.94%的辅导员工作时间为3年以下，10年以上辅导员为16.67%。68.93%的辅导员所带学生数少于300人，所带学生300—400人的辅导员占13.84%，所带学生400人以上的辅导员占17.23%。29.57%的辅导员收入低于5万，10—15万的辅导员占12.15%，15—20万的辅导员占5.18%，20万以上辅导员仅占3.77%。43.59%的辅导员没有自己的住房，只有31.64%的辅导员选择今后继续做辅导员。对收入非常不满意的辅导员占10.08%，对收入不满意的辅导员占27.97%，认为收入一般的辅导员占41.34%，仅有20.62%的辅导员对收入满意。

值得注意的是，关于收入满意度问题，在访谈中，许多辅导员和中层管理干部都表示，辅导员队伍的整体收入水平（有编制的辅导员）与其他类别的行政人员差距并不大，但是由于辅导员工作责任繁重，其待遇在很多情况下并没有与该群体的付出相对应。例如，一位受访者就认为："首先要解决辅导员的待遇问题，当前高校人事制度改革，新入职尤其是聘任制工作人员的待遇标准较低，薪酬待遇缺乏竞争力，难以吸引或稳固人才队伍。从'仰望'的角度，辅导员职称晋升的标准可以与工作内容结合得更加紧密，这样可以解决'行政工作要用科研量化'的难题。"（访谈对象：某班主任LX）

表 5-2（2）　　组织层面控制变量描述性统计

统计变量	类别	人数	百分数 / %
担任辅导员时间	1 年以下	228	21.47
	1—3 年	313	29.47
	4—6 年	185	17.42
	7—10 年	159	14.97
	10 年以上	177	16.67

统计变量	类别	人数	百分数 / %
所带学生数	200 人以下（含 200 人）	377	35.5
	200—300 人	355	33.43
	301—400 人	147	13.84
	401 人以上	183	17.23
税后年收入	5 万元以下（含 5 万元）	314	29.57
	6—8 万	343	32.3
	9—10 万	181	17.04
	11—15 万	129	12.15
	16—20 万	55	5.18
	21 万以上	40	3.77
收入满意度	非常不满意	107	10.08
	不满意	297	27.97
	一般	439	41.34
	比较满意	198	18.64
	非常满意	21	1.98
住房情况	学生宿舍	169	15.91
	学校周转房	93	8.76
	校外租赁	201	18.93
	小产权	100	9.42
	商品房	499	46.99
职业期望	辅导员	336	31.64
	任课教师	468	44.07
	行政管理人员	234	22.03
	调离学校	24	2.26

第二节　职业能力描述统计及差异分析

高等职业教育的快速发展，职业教育人才培养模式和学生成长的显著特点，对高职院校辅导员的职业素养和职业能力提出了更高的要求。在新时代背景下，分析研究辅导员职业能力发展的现状，归纳总结高职院校辅导员职业能力发展的基本样态、存在的主要问题及其深层次原因，探索辅导员职业能力发展与建设的方法、路径和平台，有效提升大学生思想政治教育的水平和质量，对辅导员队伍建设和培养社会主义接班人有十分重要的意义。

一、描述统计

辅导员职业能力量表包括 16 个项目，3 个一阶因子，即基础能力、专业能力、工作能力。量表采用李克特（Likert）5 点计分法，所有条目评分均为正向得分，即得分越高，职业能力水平越高。本研究对 1062 名辅导员职业能力所有题项及其各因子上的平均数和标准差进行了统计，"职业能力"的整体水平及各题项描述性分析的结果如表 5-3 所示，得分分布如图 5-1 所示。

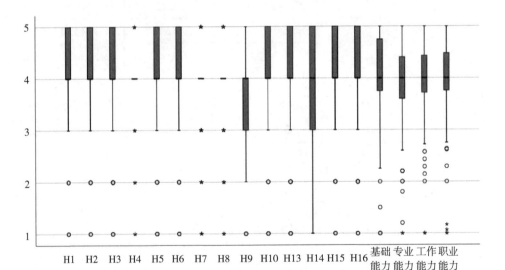

图 5-1　职业能力各题项及整体水平箱型图

表 5-3　职业能力的描述性统计分析结果

题项	平均值	均值标准误	标准差	统计量
H1 学生关系	4.31	0.020	0.653	1062
H2 同事关系	4.22	0.022	0.712	1062
H3 沟通表达	4.01	0.023	0.744	1062
H4 情绪控制	4.03	0.022	0.727	1062
H5 心理健康	4.10	0.022	0.707	1062
H6 危机应对	4.09	0.021	0.697	1062
H7 职业规划	4.00	0.023	0.747	1062
H8 就业指导	4.01	0.023	0.739	1062
H9 理论研究	3.94	0.023	0.741	1062
H10 思政教育	4.13	0.021	0.676	1062
H13 干部培养	4.19	0.021	0.698	1062
H14 学业指导	3.96	0.024	0.786	1062
H15 日常事务	4.15	0.021	0.689	1062
H16 网络思政	4.06	0.022	0.733	1062
基础能力	4.140	0.019	0.611	1062
专业能力	4.026	0.020	0.650	1062
工作能力	4.047	0.019	0.626	1062
职业能力	4.071	0.018	0.591	1062

箱型图显示，接受调查的 1062 名辅导员总体职业能力及其三个维度得分的中位数趋近于 4，基础能力得分的上四分位数点最大，专业能力的下四分位数点最小。同时，辅导员在 H3、H7 和 H8 题项的认同程度较为一致，上下四分位点与中位数重合，得分均为 4。

表 5-3 中数据显示，接受调查的辅导员总体职业认同均值为 4.071。各题项分值在 3.94 到 4.31 之间波动，其中得分最高的为 H2 "我与同事的关系很好，与他们相处感觉很幸福"，得分最低的是 H9 "我能运用理论分析、调查

研究等方法归纳分析学生工作相关问题"。在对职业能力三个维度进行比较时，基础能力的平均水平为4.140，明显高于工作能力和专业能力平均水平，专业能力平均水平最低。这说明辅导员经过学校严格选拔，一批优秀的学生干部、学生党员加入了辅导员队伍，他们在情绪控制、人际关系、表达能力等方面表现优秀，但利用心理咨询、危机干预、职业生涯规划等专业技能开展学生工作还有较大提升空间。

二、差异分析

1.个体差异

本部分采用独立样本 T 检验和单因素方差分析。

（1）性别差异。

表 5-4　不同性别对辅导员职业能力的影响

	基础能力 M（SD）	专业能力 M（SD）	工作能力 M（SD）	职业能力 M（SD）
男（1）	4.21（0.59）	4.12（0.63）	4.11（0.62）	4.15（0.58）
女（2）	4.10（0.63）	3.97（0.66）	4.01（0.63）	4.03（0.60）
F	0.249**	0.069***	1.514**	0.224*
Scheffe	1>2*	1>2*	1>2*	1>2*

注：* 表示 $p<0.05$，** 表示 $p<0.01$，*** 表示 $p<0.001$。

图 5-2 显示，总体上看，男性辅导员职业能力得分分布的下四分位数和上四分位数显著高于女性，中位数较为接近。同时，在职业能力三个维度的得分分布上，男性辅导员得分的上四分位数和下四分位数均高于女性，但两者的中位数都趋近于4。

表 5-4 显示，独立样本 T 检验分析表明，辅导员的性别对职业能力的影响存在显著差异：在基础能力、专业能力、工作能力和整体职业能力方面，男辅导员显著高于女辅导员。从职业能力各维度平均水平来看，男辅导员基础能

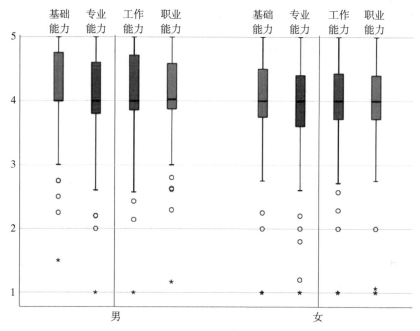

图 5-2　不同性别的辅导员职业能力

力高于专业能力和工作能力，而女辅导员最高为基础能力，其他依次为工作能力、专业能力。也就是说男辅导员在情绪控制、人际关系等方面较好；女辅导员专业能力最弱，其依靠心理咨询、职业生涯、危机干预等专业技能开展学生工作的能力偏弱。从整体上来看，男女辅导员基础能力平均水平最高，说明源于自身学生干部经历积累的基础能力表现优秀，而源于辅导员工作的专业能力和工作能力没有得到有效提升。

（2）学历差异。

从图 5-3 可以看到，不同学历的辅导员职业能力及其三个维度得分分布存在差异。具体地说，硕士学历（类别 2）辅导员职业能力在 4 的邻域的频数较高，且极高值（5）和低值（3）的频率高于本科学历辅导员（类别 1），本科学历辅导员职业能力的集中程度高于硕士学历。

如表 5-5 所示，独立样本 T 检验分析表明，不同学历辅导员对职业能力的影响存在显著差异。采用 Scheffe 事后比较分析发现：在基础能力、专业能

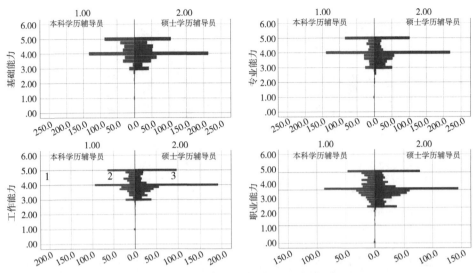

图 5-3　不同学历的辅导员职业能力金字塔

表 5-5　不同学历对辅导员职业能力的影响

	基础能力 M（SD）	专业能力 M（SD）	工作能力 M（SD）	职业能力 M（SD）
本科（1）	4.20（0.63）	4.10（0.67）	4.09（0.65）	4.13（0.61）
硕士（2）	4.10（0.59）	3.98（0.63）	4.02（0.61）	4.03（0.57）
F	2.071*	2.339*	4.271	2.456*
Scheffe	1>2*	1>2*	1>2	1>2*

注：* 表示 $p<0.05$，** 表示 $p<0.01$，*** 表示 $p<0.001$。

力、工作能力和职业能力方面，本科辅导员显著高于硕士辅导员。从职业能力各维度平均水平来看，本科学历辅导员基础能力高于专业能力和工作能力，而硕士学历辅导员最高为基础能力，其他依次为工作能力、专业能力。也就是说本科学历辅导员在情绪控制、人际关系等方面较好；硕士学历辅导员专业能力最弱，其依靠心理咨询、职业生涯、危机干预等专业技能开展学生工作的能力偏弱。从整体上来看，辅导员基础能力平均水平最高。

在访谈中，有辅导员在回答"影响辅导员职业发展的因素有哪些？"这个

高职院校辅导员职业能力
及影响因素实证研究

问题时就指出："第一个影响辅导员职业能力的因素，辅导员自身的学历水平和受教育的水平，我相信一个研究生毕业的辅导员和一个博士毕业的辅导员，他们肯定对自己的要求和能力认识是不一样的。第二个看辅导员自我的一个探索程度，对这个职业的探索程度和付出的努力程度。第三个是该学校或者该区域，以及整个教育系统里对辅导员的一个要求程度。第四个是学生跟辅导员之间的良性互动吧。这些其实都是影响辅导员能力因素的一些重要因子。"（访谈对象：辅导员 LXY）

（3）专业差异。

如表 5-6 所示，单因素方差分析表明，专业对辅导员职业能力的影响存在显著差异：在四个维度的能力方面，理工科专业辅导员显著高于学生工作相关专业和文科其他专业辅导员。思想政治教育、教育学、心理学、社会学等学生工作相关专业的辅导员职业能力最低，表明专业对口并没有对学生工作产生优势，而理工科专业辅导员更务实。从职业能力各维度平均水平来看，相关专业辅导员基础能力高于工作能力和专业能力，而文科其他专业、理工科专业辅导员职业能力各维度中平均水平最高为基础能力，其他依次为专业能力、工作能力。也就是说学生工作相关专业辅导员在职业能力三个维度中专业能力最弱，文科其他专业、理工科专业辅导员在职业能力三个维度中工作能力最弱。

表 5-6　专业差异对辅导员职业能力的影响

	基础能力 M（SD）	专业能力 M（SD）	工作能力 M（SD）	职业能力 M（SD）
相关专业（1）	4.07（0.56）	3.95（0.62）	4.04（0.56）	3.99（0.60）
文科其他（2）	4.13（0.64）	4.00（0.66）	3.90（0.58）	4.02（0.65）
理工科（3）	4.20（0.61）	4.12（0.65）	3.90（0.58）	4.13（0.62）
F	4.022*	5.850**	4.725*	5.429**
Scheffe	3>1，2*	3>1，2*	3>1，2*	3>1，2*

注：* 表示 $p<0.05$，** 表示 $p<0.01$，*** 表示 $p<0.001$。

从整体上来看，辅导员基础能力平均水平最高。

在访谈中，有的辅导员就认为辅导员原有专业会对其职业认同和职业能力等产生一定影响，体现出一定的差异性。"我认为影响辅导员职业能力的因素包括工作性质、招聘标准、培养方式等。其一，辅导员的工作性质更像是行政岗位的工作内容，很难用一两句简单的话来概括辅导员的工作全貌。许多刚入职的辅导员能完成工作已非常不易，很难做到'游刃有余'，更难以构建'上层建筑'，行政性质的工作难以形成沉淀，职业能力提升容易面临瓶颈。其二，辅导员招聘并未限定思政、心理学、教育学等相关专业，许多辅导员在校期间缺乏足够的学生工作经验。其三，辅导员入职后的专业化培养不足，工作更多的是'单打独斗'，如缺乏同专业学科的团队培养阵地，缺乏职业能力培养的平台。"（访谈对象：辅导员 LX）

（4）职业资格差异。

从图 5-4 可以看到，26% 的辅导员未获得职业资格，42% 获得其他资格证书，32% 获得与学生工作相关的资格证书。其中，17% 的辅导员获得心理咨询师的资格证书，只有 5% 辅导员获得职业生涯规划师的资格证书。如表 5-7 所

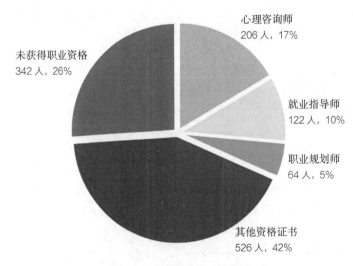

图 5-4　辅导员职业资格类型

示，独立样本 T 检验分析表明，辅导员是否获得职业资格存在显著差异：在专业能力、工作能力和总体职业能力方面，获得心理咨询师等职业资格的辅导员显著高于未获得职业资格的辅导员，这与辅导员要经过系统的学习、培训才能获得心理咨询师等职业资格证书有关。从职业能力各维度平均水平来看，无论是否获得职业资格，基础能力都高于工作能力和专业能力，专业能力平均水平最低。这说明辅导员依靠心理咨询、职业生涯、危机干预等专业技能开展学生工作的能力偏弱。

表 5-7　是否获得职业资格对辅导员职业能力的影响

	基础能力 M（SD）	专业能力 M（SD）	工作能力 M（SD）	职业能力 M（SD）
获得职业资格（1）	4.16（0.60）	4.07（0.63）	4.09（0.62）	4.11（0.58）
未获得职业资格（2）	4.10（0.64）	3.94（0.69）	3.96（0.64）	4.00（0.61）
F	0.002	1.232**	0.07**	0.072**
Scheffe	1>2	1>2**	1>2**	1>2**

注：* 表示 $p<0.05$，** 表示 $p<0.01$，*** 表示 $p<0.001$。

（5）家庭结构差异。

从图 5-5 中可以看到，辅导员已婚人数明显高于未婚人数，且辅导员已婚群体中有孩子的居多。在辅导员婚姻状态方面，辅导员已经结婚的人数为 698，占比高达 65.73%；辅导员未婚人数为 364，占比为 34.27%。在家庭结构方面，已婚辅导员有孩子的人数为 572，仅有 126 人无孩子，即已婚状态下辅导员有孩子的占比 81.9%。这表明不同的婚姻状态和家庭结构是辅导员职业能力发挥和工作状态好坏的重要影响因素，需要进一步进行验证。如表 5-8 所示，独立样本 T 检验分析表明，辅导员是否有孩子，在职业能力上存在显著差异。采用 Scheffe 事后比较分析发现：在专业能力、工作能力和总体职业能力方面，有孩子的辅导员职业能力显著高于无孩子的辅导员。辅导员有孩子后改变了其教育理念，更容易以平等姿态与学生进行沟通和交流，更懂得站在对方的角度

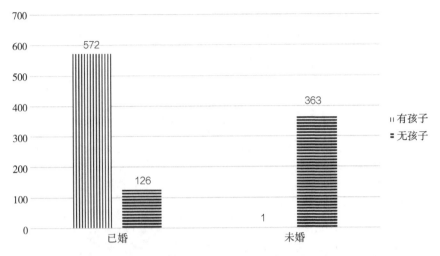

图 5-5　辅导员婚姻状态与家庭结构

表 5-8　是否有孩子对辅导员职业能力的影响

	基础能力 M（SD）	专业能力 M（SD）	工作能力 M（SD）	职业能力 M（SD）
有孩子（1）	4.17（0.56）	4.09（0.59）	4.08（0.60）	4.11（0.54）
无孩子（2）	4.06（0.49）	3.87（0.56）	3.87（0.52）	3.93（0.47）
F	2.873	0.104**	2.06**	2.459**
Scheffe	1>2	1>2*	1>2*	1>2*

注：* 表示 $p<0.05$，** 表示 $p<0.01$，*** 表示 $p<0.001$。

思考问题，容易与学生产生具有亲和力的互动。从职业能力各维度平均水平来看，无论是否有孩子，辅导员职业能力各维度中基础能力高于工作能力和专业能力。

在访谈中，有学工办主任就陈述了家庭经济压力、家庭结构对其职业认同感、能力发展的影响："从目前的工作内容来看，我们辅导员的工作精力绝大部分用在了诸如奖学助贷、资料汇总、数据统计等事务性工作上。又由于队伍年龄普遍较为年轻，科研、职称、晋升压力较大，尤其是刚成家的辅导员，由于是在一线城市工作，经济压力普遍较大，导致对自己的主责主业不断淡化，对岗位的认同感不断下降，工作只求完成任务，缺乏情怀和热爱。"（访谈对象：某学工办主任 SLX）

2. 工作特征差异

本研究采用独立样本 T 检验和单因素方差分析，发现辅导员工作年限、所带学生数、用工方式、职务差异、薪酬满意度对辅导员职业能力的影响存在显著差异，不同职称辅导员职业能力不存在显著差异。

（1）工作年限差异。

如表 5-9 所示，单因素方差分析表明，不同任职时间对辅导员职业能力的影响存在显著差异。在基础能力方面，任职 10 年以上的辅导员显著高于其他年限辅导员。在专业能力方面，任职 6—10 年、10 年以上的辅导员显著高于任职 1—3 年和 1 年以下的辅导员。在工作能力方面，任职 10 年以上的辅导员显著高于任职 1 年以下、1—3 年、3—6 年工作年限的辅导员；任职 6—10 年的辅导员显著高于任职 1 年以下、1—3 年的辅导员。在整体职业能力方

表 5-9　工作年限对辅导员职业能力的影响

	基础能力 M（SD）	专业能力 M（SD）	工作能力 M（SD）	职业能力 M（SD）
1 年以下（1）	4.14（0.50）	3.81（0.61）	3.80（0.58）	3.92（0.51）
2—3 年（2）	4.13（0.36）	3.79（0.45）	3.88（0.31）	3.94（0.31）
4—6 年（3）	4.09（0.48）	4.11（0.46）	3.82（0.43）	4.01（0.43）
7—10 年（4）	4.14（0.67）	4.15（0.51）	4.18（0.55）	4.16（0.52）
11 年以上（5）	4.58（0.43）	4.34（0.46）	4.37（0.50）	4.43（0.39）
F	1.750	3.448*	3.828**	3.058*
Scheffe	5>1，2，3，4*	4，5>1，2*	5>1，2，3* 4>1，2*	5>1，2，3*

注：* 表示 $p<0.05$，** 表示 $p<0.01$，*** 表示 $p<0.001$。

面，任职 10 年以上的辅导员显著高于任职 1 年以下、1—3 年、3—6 年工作年限的辅导员。从上述分析可以看出任职 10 年以上的辅导员基础能力、专业能力、工作能力都比较高，6—10 年是辅导员成长的一个重要转折点，辅导员需要经过 6 年的职业成长，才能逐步走向成熟。

在访谈中，上述结论与观点也得到了一定印证。例如，某学院副书记就谈及："我也通过不少渠道了解过其他高校的一些做法，有很多好的经验值得学习，比如某高校设置的'处级'辅导员，当辅导员工作年限足够，可能尝试给予一定的职级，享受相应的待遇，也是辅导员队伍的一个发展出路。同时，辅导员作为可以单独评审职称的一个序列，高级职称的职数应该适当倾斜，这也是国家重视思想政治教育队伍（特别是辅导员队伍）建设的一个重要体现。"（访谈对象：某二级学院副书记 CYD）此外，还有中层干部认为："我觉得影响辅导员职业能力的因素包括从业时间长度，毕竟随着工作时间的增长，复杂问题解决经验的积累会对职业能力提升有明显帮助。"（访谈对象：某校中层干部 SLX）。这说明，辅导员的任职年限对其职业能力存在较大影响，需要经历一定的任职阶段才能逐步走上成熟。

（2）所带学生人数差异。

如表 5-10 所示，单因素方差分析表明，所带学生人数对辅导员职业能力的影响存在显著差异：在四个维度的能力方面，所带学生 200—300 人、400人以上的辅导员专业能力显著高于所带学生 200 人及以下、300—400 人的辅导员；所带学生 200 人及以下的辅导员在职业能力及其三个维度上都显著高于所带学生 300—400 人的辅导员。这说明 200—300 人是辅导员所带学生的合理区间，所带学生 400 人以上尽管能提升辅导员职业能力，但会给辅导员带来高强度的工作任务。从职业能力各维度平均水平来看，所带学生 400 人以上基础能力高于专业能力和工作能力，专业能力高于工作能力，说明人数的提高能增加专业能力，但学生人数较多，辅导员对学生的管理难度加大，会影响工作能力；所带学生 400 人以下，基础能力最高，其他依次为工作能力、专业能力。

表 5-10　所带学生人数对辅导员职业能力的影响

	基础能力 M（SD）	专业能力 M（SD）	工作能力 M（SD）	职业能力 M（SD）
200 人及以下（1）	4.14（0.64）	4.01（0.68）	4.06（0.65）	4.07（0.62）
201—300 人（2）	4.18（0.59）	4.06（0.63）	4.08（0.61）	4.10（0.57）
301—400 人（3）	3.96（0.60）	3.90（0.60）	3.91（0.57）	3.92（0.55）
401 人以上（4）	4.22（0.59）	4.10（0.67）	4.07（0.64）	4.13（0.59）
F	5.675**	2.879*	2.761*	4.025**
Scheffe	1，2，4>3* 2，4>1	2，4>1，3*	2，4>1，3*	1，2，4>3* 2，4>1*

注：* 表示 $p<0.05$，** 表示 $p<0.01$，*** 表示 $p<0.001$。

有辅导员在访谈中提及："面对的学生过多会使辅导员自身工作压力增大，不仅要做学生生活中的保姆，还要做学校各部门的保姆，明明可以直接联系学生处理的业务，一定要通过辅导员汇总，方便了其他部门，辅导员的压力空前大。比如有学生在入校时要到某部门去办理业务，其他部门一定会告知学生要找辅导员申请，其实辅导员并不知道他是不是真的是去办理这项业务。此外，组织在对辅导员的管理中，给予人文关怀仍旧偏少，导致辅导员归属感不强。"（访谈对象：辅导员 CYT）当前，由于各学校、各院系的具体情况不一，许多辅导员所管理的学生远大于政策所规定的学生数量，没有严格执行"按总体上师生比不低于 1∶200 的比例设置专职辅导员岗位"的标准，这使得他们的工作任务更加繁重，职业能力提升的学习时间会受到较大压缩。

（3）用工方式差异。

如表 5-11 所示，单因素方差分析表明，用工方式对辅导员职业能力的影响存在显著差异。在基础能力、专业能力、工作能力和整体职业能力方面，外聘辅导员显著高于其他聘用方式的辅导员。用工方式越不稳定，辅导员越要积极提升自身职业能力，通过考试和考核进入编制内，这说明我们还有空间来提

表 5-11　用工方式对辅导员职业能力的影响

	基础能力 M（SD）	专业能力 M（SD）	工作能力 M（SD）	职业能力 M（SD）
正式编制（1）	4.11（0.59）	4.00（0.65）	4.04（0.62）	4.05（0.58）
学校聘用（2）	4.18（0.62）	4.05（0.65）	4.05（0.63）	4.10（0.60）
外聘（3）	4.45（0.53）	4.35（0.50）	4.35（0.49）	4.39（0.47）
其他（4）	4.00（0.78）	3.92（0.75）	3.94（0.77）	3.96（0.73）
F	3.491[*]	2.502	2.055	2.877[*]
Scheffe	3>1，2，4[*] 2>1[*]	3>1，2，4[*] 2>1[*]	3>1，2，4[*] 2>1[*]	3>1，2，4[*] 2>1[*]

注：* 表示 $p<0.05$，** 表示 $p<0.01$，*** 表示 $p<0.001$。

升编制内辅导员的职业能力。从职业能力各维度平均水平来看，基础能力平均水平最高，正式编制的辅导员专业能力在职业能力维度中最弱。

有关政府文件要求各高校严格落实专职辅导员人事管理政策，但在实际操作中，由于具体的条件不一，该政策在某些学校没有得到很好的执行。

在调查的辅导员中，有一部分辅导员属于非在编岗位的老师。他们的工作热情、认同感与职业能力提升的愿望往往存在较大差异。在访谈中，有学工部领导就提及："一方面，辅导员职业化、专业化道路不明晰，很多新入职的辅导员对未来职业发展目标不明确，很多人将辅导员岗位作为过渡，并没有一个长期发展的规划，队伍稳定性不足。另一方面，部分单位因历史改革等原因，辅导员岗位人员身份复杂，存在同工不同酬的情况，影响队伍的整体工作积极性和长期稳定性。"（访谈对象：某学工部中层领导 LYH）

（4）职务差异。

从图 5-6 中可以看到，辅导员是否担任职务对职业能力的影响有明显差异，即辅导员未担任职务的占比高达 58%，而担任职务的辅导员占比为 42%。在辅导员担任职务的类型中，以辅导员担任学生会、社团联合会指导教师职务

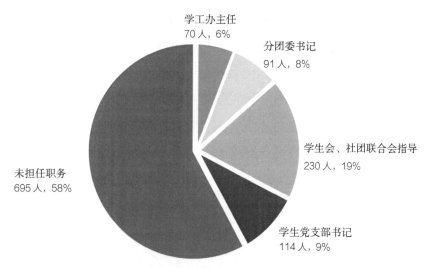

学工办主任
70人，6%

分团委书记
91人，8%

学生会、社团联合会指导
230人，19%

学生党支部书记
114人，9%

未担任职务
695人，58%

图 5-6　辅导员职务类型

的占比最高，为 19%；其次，辅导员担任学生党支部书记的占比为 9%；而辅导员担任分团委书记和学工办主任的占比则较低，分别为 8% 和 6%。然而，辅导员岗位未担任其他职务类型的占比最高，为 58%，这说明了辅导员工作类型较为单一，导致担任职务的辅导员与未担任职务的辅导员之间的职业能力存在差异。如表 5-12 所示，独立样本 T 检验分析表明，不同职务性质的辅导员职业能力存在显著差异：担任学工办主任、分团委书记、学生党支部书记等职务的辅导员，职业能力显著高于未担任任何职务的辅导员，这说明担任一定职

表 5-12　职务差异对辅导员职业能力的影响

	基础能力 M（SD）	专业能力 M（SD）	工作能力 M（SD）	职业能力 M（SD）
担任职务（1）	4.18（0.53）	4.03（0.59）	4.04（0.56）	4.08（0.52）
未担任职务（2）	4.00（0.54）	3.91（0.57）	3.90（0.58）	3.94（0.51）
F	8.289**	3.754*	4.564*	6.333*
Scheffe	1>2*	1>2*	1>2*	1>2*

注：* 表示 $p<0.05$，** 表示 $p<0.01$，*** 表示 $p<0.001$。

务的辅导员有更大的空间和平台来提升职业能力。从职业能力各维度平均水平来看，基础能力平均水平最高。

（5）薪酬满意度差异。

如表5-13所示，单因素方差分析表明，薪酬满意度对职业能力产生显著影响：薪酬不满意的辅导员显著低于其他满意度的辅导员，而薪酬非常不满意的辅导员仅仅低于薪酬比较满意的辅导员，说明非常不满意的辅导员，可能存在职业能力较高，对学生工作有较大付出，但与实际获得的薪酬存在差距，从而产生对薪酬的不满意。

总体上，辅导员职业能力随着对薪酬满意度的提升而增高。从职业能力各维度平均水平来看，基础能力平均水平最高。正如有的辅导员在访谈中提到的："解决辅导员队伍稳定性问题，提高认同感、减少流动性，我认为最基本的应该是提高辅导员的工资待遇，对他们的一线工作应该给予一些资金上的补贴，或者是一些政策上的倾斜。"（访谈对象：辅导员LXY）还有辅导员提及："学校对于辅导员的重视，工作上的支持，待遇上的满足，都是重要因

表5-13 薪酬满意度对辅导员职业能力的影响

	基础能力 M（SD）	专业能力 M（SD）	工作能力 M（SD）	职业能力 M（SD）
非常不满意（1）	4.18（0.69）	4.11（0.68）	4.11（0.66）	4.14（0.63）
不满意（2）	4.00（0.58）	3.88（0.64）	3.88（0.60）	3.92（0.55）
一般（3）	4.14（0.61）	4.01（0.65）	4.06（0.63）	4.07（0.60）
比较满意（4）	4.29（0.57）	4.17（0.61）	4.20（0.60）	4.22（0.56）
非常满意（5）	4.58（0.52）	4.51（0.63）	4.50（0.60）	4.53（0.56）
F	10.110***	9.996***	11.327***	11.852***
Scheffe	1，3，4>2* 5>2，3*	1，4>2* 5>2，3*	1，3，4>2* 5>2，3*	1，3，4>2* 5>2，3*

注：* 表示 $p<0.05$，** 表示 $p<0.01$，*** 表示 $p<0.001$。

素。"（访谈对象：辅导员 RYM）

（6）职称差异。

如表 5-14 所示，单因素方差分析表明，职称对于辅导员职业能力的影响没有任何差异，无论高级职称还是没有职称，辅导员职业能力没有产生显著差异，这说明职称没有很好地反映辅导员的职业能力，论文和课题仍然是各高职院校进行辅导员职称评价的重要指标。从职业能力各维度平均水平来看，基础能力平均水平最高，其次为工作能力，最后为专业能力，专业能力在各维度平均水平最低。

表 5-14　职称对辅导员职业能力的影响

	基础能力 M（SD）	专业能力 M（SD）	工作能力 M（SD）	职业能力 M（SD）
高级（1）	4.25（0.64）	4.20（0.72）	4.21（0.66）	4.22（0.64）
中级（2）	4.09（0.59）	4.02（0.62）	4.04（0.61）	4.05（0.57）
初级（3）	4.15（0.54）	4.03（0.61）	4.06（0.56）	4.08（0.53）
无（4）	4.17（0.69）	4.01（0.71）	4.03（0.69）	4.07（0.66）
F	1.353	0.843	0.948	0.865

注：* 表示 $p<0.05$，** 表示 $p<0.01$，*** 表示 $p<0.001$。

3. 地区差异

如图 5-7 所示，总体上，西部地区辅导员职业能力中位数和上四分位数显著高于东、中部地区，且中位数与上四分位数的频率高于东、中部地区，表明西部地区辅导员职业能力更强。同时，西部地区辅导员基础能力的中位数和下四分位数显著高于东、中部地区，专业能力的上、下四分位数显著高于东、中部地区，在工作能力维度的分布相差不大。且中部地区箱型面积最小，即中部地区辅导员职业能力相差较小。

如表 5-15 所示，单因素方差分析表明，不同地区辅导员职业能力存在显著差异：来自西部地区的辅导员职业能力显著高于中部地区、东部地区的辅导

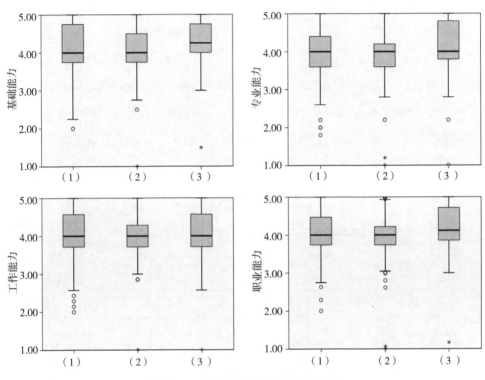

图 5-7　不同地区辅导员的职业能力

表 5-15　不同地区对辅导员职业能力的影响

	基础能力 M（SD）	专业能力 M（SD）	工作能力 M（SD）	职业能力 M（SD）
东部地区（1）	4.10（0.56）	3.98（0.60）	3.99（0.59）	4.02（0.54）
中部地区（2）	4.12（0.64）	4.02（0.67）	4.07（0.64）	4.07（0.62）
西部地区（3）	4.32（0.59）	4.16（0.68）	4.12（0.67）	4.20（0.60）
F	7.730***	4.279*	3.069*	4.924**
Scheffe	3>1, 2*	3>1, 2*	3>1.2*	3>1, 2*

注：* 表示 $p<0.05$，** 表示 $p<0.01$，*** 表示 $p<0.001$。

高职院校辅导员职业能力
及影响因素实证研究

员。本研究职业能力问卷采取自我评价为主，西部地区辅导员整体自我评价高于东部地区。东部地区职业教育快速发展，对辅导员职业能力发展提出了更高的要求，职业化、专业化、专家化建设速度和质量都在稳步提高；同时东部经济发达地区，经济和生活节奏比较快，辅导员处于较强的生活、工作压力和较高的工作质量评价之下，对职业能力的自我评价也相对较低。从职业能力各维度平均水平来看，基础能力平均水平最高，其次为工作能力，最后为专业能力，专业能力在各维度平均水平最低。

　　本章对1062名辅导员进行了问卷调查，分别对不同人口特征的辅导员进行比较，结果表明辅导员职业能力及其三个维度总体水平较高，但不同个体特征、工作特征、地区差异的辅导员职业能力存在显著差异。具体来看：

　　在职业能力个体差异上，不同性别、学历、专业、职业资格、家庭结构的辅导员职业能力存在显著差异。男性辅导员显著高于女性辅导员，本科学历辅导员显著高于硕士学历辅导员，理工科专业辅导员显著高于文科专业辅导员，获得心理咨询师等职业资格的辅导员显著高于未获得职业资格的辅导员，有孩子的辅导员显著高于没有孩子的辅导员。

　　在职业能力工作特征差异上，不同工作年限、所带学生数、用工方式、职务、薪酬满意度的辅导员职业能力存在显著差异。担任辅导员10年以上、6—10年显著高于其他年限辅导员，所带学生数200—300人的辅导员显著高于其他学生人数辅导员，外聘方式的辅导员显著高于学校聘用、事业编制辅导员，担任学工办主任等职务的辅导员显著高于未担任职务的辅导员，薪酬满意度越高职业认同和职业能力也会随之增加。但数据分析表明，不同职称的辅导员不存在显著差异，即辅导员职业能力与职称高低无关，说明目前职称评价不能真实反映辅导员职业能力高低。

　　在职业能力地区差异上，西部地区省份高职院校辅导员显著高于东、中部地区省份高职院校辅导员。这可能与东部地区对辅导员工作能力要求较高有关；同时，东部地区辅导员自我评价较低也是导致差异的原因。

第六章

高职院校辅导员
职业能力影响因素研究

本章对国家政策、学校因素、学院因素、个体因素、职业认同、职业能力之间的关系及作用机制进行探究。对学校因素、学院因素、个体因素的情况进行描述，并进行比较分析和判断。运用 SPSS 22.0 多元回归分析法分别对学校因素、学院因素、个体因素、职业认同与辅导员职业能力之间的因果关系进行分析。采用结构方程模型 AMOS 22.0 整体拟合学校因素、学院因素、个体因素、职业认同的各个维度与辅导员职业能力之间的关系，包括直接和间接关系，进而对研究假设进行检验。

....
第一节　职业能力的影响因素分析
....

一、描述统计

（一）政策因素

我国历来重视辅导员队伍建设，党的十八大以来，党和政府出台了若干支持辅导员队伍建设的政策和保障措施。例如，《关于加快构建高校思想政治工作体系的意见》里面要求"建立完善高校专职辅导员管理岗位（职员等级）晋升制度"，对具有较高职业能力的辅导员予以奖励，鼓励辅导员自主提高专业实践能力。这些政策在基层落实的程度直接影响到了辅导员职业认同与职业能力。由于部分政策的可操作性不足、学校资源条件和历史因素差异等，辅导员相关政策在具体落实时存在一系列的问题。

1. 相关政策实施现状

如表 6-1 所示，辅导员承担课程教学方面，"辅导员需要承担承担思想政治理论课等相关课程的教学工作"，但实际情况有 25.61% 的辅导员没有教学任务。"按规定需要签订聘用合同，不得用劳务派遣、人事代理等方式聘用辅导员"，实际情况有 5.56% 的辅导员属于劳务派遣和人事代理。

辅导员晋升方面，"建立、完善高校专职辅导员管理岗位（职员等级）晋升制度"，实际情况高达 88.23% 的辅导员无任何级别。"初级辅导员一般工作年限为 1—3 年；中级辅导员一般工作年限为 4—8 年；高级辅导员一般工作 8 年以上"，实际情况 3 年以下的辅导员高达 50.94%，没有形成人才成长梯

表 6-1　国家政策实施基本情况

序号	政策核心点	落地情况	备注
1	承担思想政治理论课等相关课程的教学工作	25.61%	无教学任务
2	按规定签订聘用合同，不得用劳务派遣、人事代理等方式聘用辅导员	5.56%	劳务派遣、人事代理
3	建立、完善高校专职辅导员管理岗位（职员等级）晋升制度	88.23% 10.45% 1.32%	无级别 科级 处级
4	初级辅导员一般工作年限为 1—3 年；中级辅导员一般工作年限为 4—8 年；高级辅导员一般工作 8 年以上	50.94%	3 年以下
5	按总体上师生比不低于 1∶200 的比例设置专职辅导员岗位	35.5%	200 人以下
6	职称评聘注重考察工作业绩和育人实效	48%	符合
7	职称评聘单列计划、单设标准、单独评审	56.1%	符合
8	为攻读相关专业博士学位提供支持	34.2%	符合
9	专设一定比例的正高级专业技术岗位	0.2%	正高比例

队。"按总体上师生比不低于1:200的比例设置专职辅导员岗位"，实际情况只有35.5%的辅导员所带学生数为200人及以下。

辅导员职称评定方面，"职称评聘注重考察工作业绩和育人实效"，调查显示，实际情况是48%的辅导员表示"学校辅导员职称评审会考虑实际工作表现，而不是唯科研论"。"职称评聘单列计划、单设标准、单独评审"，56.1%的辅导员表示符合。"学校为攻读相关专业博士学位提供支持"，只有34.2%的辅导员表示"辅导员在职攻读硕士或博士可以脱产半年以上或提供学费资助"。

辅导员岗位设置方面，"专设一定比例的正高级专业技术岗位"，实际情况只有0.2%的辅导员获聘正高级专业技术岗位。虽然国家在辅导员队伍建设和职业能力提升方面制定了各类政策，但各高校在实施过程中，与顶层设计的要求存在一定距离，甚至有的指标差距还很大，比如88.23%的辅导员无任何级别、64.5%的辅导员所带学生数高于200人、仅有0.2%的辅导员获聘正高职称。

2.政策实施对辅导员职业能力的影响

（1）行政级别政策。

表6-2　辅导员行政级别落实对职业能力的影响

	基础能力 M（SD）	专业能力 M（SD）	工作能力 M（SD）	职业能力 M（SD）
非常不符合（1）	3.95（0.68）	3.80（0.71）	3.81（0.71）	3.87（0.66）
比较不符合（2）	4.01（0.63）	3.88（0.65）	3.89（0.62）	3.93（0.59）
不确定（3）	4.02（0.57）	3.89（0.63）	3.92（0.58）	3.94（0.55）
比较符合（4）	4.14（0.48）	3.99（0.51）	4.04（0.49）	4.06（0.45）
非常符合（5）	4.60（0.57）	4.54（0.60）	4.58（0.55）	4.57（0.55）
F	26.610***	29.663***	35.446***	34.863***
Scheffe	5>4* 5，4>1，2，3*	5>4* 5，4>1，2，3*	5>4* 5，4>1，2，3*	5>4* 5，4>1，2，3*

注：* 表示 $p<0.05$，** 表示 $p<0.01$，*** 表示 $p<0.001$。

如表 6-2 所示，单因素方差分析表明，"学校会根据辅导员的实际表现和工作年限确定相应行政级别，并享受同级待遇"这一政策落实情况对辅导员职业能力产生显著影响。研究发现：在基础能力、专业能力、工作能力和整体职业能力方面，对高校落实辅导员行政级别表示"比较符合"和"非常符合"的辅导员职业能力显著高于其他辅导员，对高校落实辅导员行政级别表示"非常符合"的辅导员职业能力显著高于表示"比较符合"的辅导员，说明高校越是落实辅导员行政级别，辅导员职业能力越是较高。总体上，辅导员职业能力随着落实辅导员行政级别程度的提升而增高。从辅导员职业能力各维度平均水平来看，基础能力平均水平最高，其次是工作能力，专业能力平均水平最低。

（2）职称评审政策。

如表 6-3 所示，单因素方差分析表明，"学校辅导员职称评审参照教师岗位，单列计划、单设指标、单独评审"这一政策落实情况对辅导员职业能力产生显著影响。采用 Scheffe 事后比较分析发现：在基础能力、专业能力、工作能力和整体职业能力方面，对高校落实辅导员职称评审政策表示"比较符合"和"非常符合"的辅导员职业能力显著高于其他辅导员，对高校落实辅导

表 6-3　辅导员职称评审政策落实对职业能力的影响

	基础能力 M（SD）	专业能力 M（SD）	工作能力 M（SD）	职业能力 M（SD）
非常不符合（1）	3.98（0.59）	3.86（0.60）	3.83（0.84）	3.91（0.56）
比较不符合（2）	4.03（0.56）	3.89（0.57）	3.90（0.57）	3.94（0.51）
不确定（3）	4.04（0.83）	3.96（0.88）	3.90（0.58）	3.98（0.81）
比较符合（4）	4.10（0.48）	4.00（0.54）	4.00（0.50）	4.02（0.46）
非常符合（5）	4.50（0.59）	4.42（0.63）	4.44（0.61）	4.46（0.58）
F	27.639***	28.711***	31.150***	33.383***
Scheffe	5>4* 5，4>1，2，3*	5>4* 5，4>1，2，3*	5>4* 5，4>1，2，3*	5>4* 5，4>1，2，3*

注：* 表示 $p<0.05$，** 表示 $p<0.01$，*** 表示 $p<0.001$。

员职称评审政策表示"非常符合"的辅导员职业能力显著高于表示"比较符合"的辅导员，说明高校越是落实辅导员职称评审政策，辅导员职业能力越是较高。总体上，辅导员职业能力随着落实辅导员职称评审政策的程度提升而增高。从辅导员职业能力各维度平均水平来看，基础能力平均水平最高。

（3）学历提升政策。

如表6-4所示，单因素方差分析表明，"辅导员在职攻读硕士或博士可以脱产半年以上或提供学费资助"这一政策落实情况对辅导员职业能力产生显著影响：对高校落实辅导员学历提升政策表示"比较符合"和"非常符合"的辅导员职业能力显著高于其他辅导员，对高校落实辅导员学历提升政策表示"非常符合"的辅导员职业能力显著高于表示"比较符合"的辅导员，说明高校越是落实辅导员学历提升政策，辅导员职业能力越是较高。总体上，辅导员职业能力随着落实辅导员职业能力提升政策程度的提升而增高。从辅导员职业能力各维度平均水平来看，基础能力平均水平最高。

表6-4 辅导员学历提升政策支持对职业能力的影响

	基础能力 M（SD）	专业能力 M（SD）	工作能力 M（SD）	职业能力 M（SD）
非常不符合（1）	4.05（0.53）	3.93（0.56）	3.93（0.56）	3.97（0.50）
比较不符合（2）	4.06（0.75）	3.94（0.62）	3.95（0.59）	3.99（0.73）
不确定（3）	4.08（0.58）	3.96（0.80）	3.96（0.77）	3.99（0.56）
比较符合（4）	4.09（0.52）	3.99（0.52）	4.04（0.49）	4.04（0.47）
非常符合（5）	4.61（0.57）	4.54（0.64）	4.60（0.58）	4.59（0.56）
F	24.069***	26.094***	33.228***	31.629***
Scheffe	5>1, 2, 3.4*	5>1, 2, 3, 4*	5>1, 2, 3, 4*	5>1, 2, 3, 4*

注：* 表示 $p<0.05$，** 表示 $p<0.01$，*** 表示 $p<0.001$。

（4）业绩评价政策

如表6-5所示，单因素方差分析表明，"学校辅导员职称评审会考虑实际

表 6-5　辅导员工作业绩政策对职业能力的影响

	基础能力 M（SD）	专业能力 M（SD）	工作能力 M（SD）	职业能力 M（SD）
非常不符合（1）	3.91（0.60）	3.80（0.61）	3.77（0.59）	3.83（0.55）
比较不符合（2）	3.99（0.59）	3.87（0.63）	3.88（0.59）	3.91（0.56）
不确定（3）	4.05（0.76）	3.94（0.77）	3.97（0.78）	3.99（0.73
比较符合（4）	4.13（0.49）	4.00（0.52）	4.03（0.48）	4.06（0.45）
非常符合（5）	4.70（0.46）	4.63（0.54）	4.68（0.49）	4.67（0.46）
F	51.630***	51.885***	64.780***	65.026***
Scheffe	5>4* 5，4>1，2，3*	5>4* 5，4>1，2，3*	5>4* 5，4>1，2，3*	5>4* 5，4>1，2，3*

注：* 表示 $p<0.05$，** 表示 $p<0.01$，*** 表示 $p<0.001$。

工作表现，而不是唯科研论"这一政策落实情况对辅导员职业能力产生显著影响：对高校落实注重辅导员工作业绩政策表示"比较符合"和"非常符合"的辅导员职业能力显著高于其他辅导员，对高校落实注重辅导员工作业绩政策表示"非常符合"的辅导员职业能力显著高于表示"比较符合"的辅导员，说明高校越是落实注重辅导员工作业绩政策，辅导员职业能力越是较高。总体上，辅导员职业认同随着业绩政策落实程度的提高而提升。此外，从辅导员职业能力各维度平均水平来看，基础能力平均水平最高。

总体看，在调查中很多辅导员反映有部分政策并未得到充分执行，并表示十分渴望辅导员待遇相关政策的真正落实。与此同时，当他们面临学校的绩效考核时，许多考核要求对他们这类群体来说十分刚性。这就形成了政策执行时的"软约束"和绩效考评时的"硬约束"之间的矛盾。访谈中，有相关管理人员就提及："第一就是辅导员发展问题，这个包括待遇发展和职业发展。待遇是目前大家首先考虑的一个问题，待遇应该匹配上繁重的工作和压力。职业发展包括晋升通道、职称评定等。第二就是整个队伍的稳定性问题。人员流动性越来越大，这也包括优秀的辅导员转岗去了行政部门，也有因为其他原因离职的，这几年流动性越来越大，队伍很不稳定。第三就是工作压力越来越大的问题。这个压力有上边传导下来的，也有下边学生反馈上来的。工作变得繁重，压力没有地方疏导出去，导致这些问题的主要原因在于辅导员的无限责任制和不健全的评价机制。"（访谈对象：某校学工部负责人 XJ）

（二）学校因素

学校是辅导员队伍建设的关键因素，辅导员队伍建设的招聘、培训、考核、评价、激励和发展等各环节都是学校来完成的。学校要从顶层设计制定辅导员队伍建设的具体政策、方针并落地实施。学校的所有制度设计对于辅导员有极大的指导作用和方向引领作用，在制度环境、人文环境、发展环境中为辅导员队伍建设和职业发展提供制度保障、环境保障和平台保障。目前，辅导员队伍建设整体出现队伍不稳定、发展空间受限、职业认同感和自我效能感低等问题，需要从学校层面为辅导员解决发展的制约瓶颈，为辅导员职业化、专业化、专家化建设提供更好的发展空间。

1. 学校因素描述性分析

学校因素量表包括 14 个项目，3 个一阶因子，即职业发展、能力培训、考核激励。[①]量表采用李克特（Likert）5 点计分法，所有条目评分均为正向得分，即得分越高，学校因素各维度评价越高。本研究对 1062 名辅导员进行问卷调查，对学校因素所有题项及其各因子上的平均数和标准差进行了统计，"学校因素"整体水平及各题项描述性分析结果如表 6-6 所示，得分分布箱型图如图 6-1 所示。

箱型图显示，接受调查的 1062 名辅导员对学校因素各题项评价总体位于3—4，A1 和 A4 题项与其他题型的评价得分分布显著不同，表现为下四分位数更低，箱型面积更大。从学校因素评价的整体水平及其三个维度看，辅导员对职业发展的评价得分的下边缘和下四分位数明显低于其他维度，对能力培训的评价得分的下四分位数、中位数和上四分位数最高。

---

① 量表因子分析见附录一。

表 6-6 学校因素的描述统计分析结果

题项	平均值	均值标准误	标准差	样本量
A1 职务提升	2.98	0.040	1.309	1062
A2 职称评审	3.44	0.038	1.226	1062
A3 干部选拔	3.33	0.037	1.194	1062
A4 学历提升	3.08	0.036	1.164	1062
A5 资金支持	3.74	0.031	0.997	1062
A7 专家进校	3.67	0.033	1.067	1062
A8 内部交流	3.63	0.032	1.058	1062
A9 课题支持	3.60	0.033	1.092	1062
A10 年度考核	3.65	0.032	1.044	1062
A11 评奖评优	3.74	0.030	0.965	1062
A12 进修培训	3.64	0.031	0.999	1062
A13 职称评审	3.33	0.035	1.145	1062
A14 干部提拔	3.37	0.034	1.111	1062
职业发展	3.207	0.030	0.984	1062
能力培训	3.693	0.027	0.868	1062
考核激励	3.544	0.028	0.905	1062
学校因素	3.481	0.026	0.839	1062

表 6-6 显示，接受调查的 1062 名辅导员对学校因素评价均值为 3.481。各题项分值在 2.98 到 3.74 之间波动，其中得分最高的为 A5 "学校为辅导员参加各类培训提供机会和资金支持"、A11 "实际工作表现好的辅导员能获得各种荣誉和表彰"，得分最低的是 A1 "学校会根据辅导员的实际表现和工作年限确定相应行政级别，并享受同级待遇"。在对学校因素三个维度进行比较时，能力培训的平均水平为 3.693，明显高于职业发展平均水平。这说明学校为辅导员提供的职务提升、职称评审、干部选拔和学历提升的政策支持有限，而能

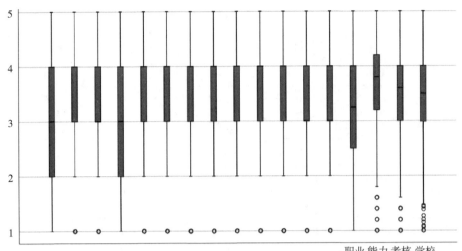

图 6-1　学校因素各题项及整体水平箱型图

力培训是学校相对容易实施的，因此学校对于辅导员职业发展的支持力度还有较大提升空间。

在实践中，通过访谈调查我们发现，学校政策的落实程度确实会对辅导员的职业认同产生重大影响。例如，有辅导员在访谈中就表示："我觉得首先必须要解决好辅导员的身份认同问题，包括从经济上、职称晋升上、科研能力提升上、教学能力提升上，不要让辅导员沦落为校园的高级保姆和救火队员。任何一个从业者如果无法从他从事的职业中得到自我实现的价值，职业倦怠甚至厌恶就是不可避免的，甚至会引发严重的恶性事件。如果上述问题能够得到妥善解决，我相信辅导员一定是一个让社会推崇、学生爱戴、从业者认可的工作岗位。"（访谈对象：辅导员 SLX）

2. 学校因素对职业能力的影响

通过多元回归分析（见表6-7），能力培训对职业能力及职业能力三个维度都产生重要影响，表明能力培训能有效提升辅导员职业能力，特别对于专业能力影响最大，说明学校开展的培训主要集中在心理咨询、危机干预、生涯规划方面。职业发展对职业能力的影响非常有限，没有产生显著影响。考核激励

表 6-7　学校因素对职业能力的影响

自变量	因变量			
	基础能力	专业能力	工作能力	职业能力
职业发展	0.04^{*}	0.063	0.01	0.04
能力培训	0.259^{***}	0.309^{***}	0.251^{***}	0.291^{***}
考核激励	0.156^{**}	0.109^{*}	0.160^{**}	0.150^{**}
F	54.939^{***}	51.867^{***}	61.263^{***}	64.376^{***}
R^{2}	0.135	0.128	0.148	0.154

注：* 表示 $p<0.05$，** 表示 $p<0.01$，*** 表示 $p<0.001$。

对职业能力产生显著影响，对工作能力影响最大，这说明考核激励能促进辅导员在思政建设、学生干部培养、学业指导、日常事务、网络思政等日常工作中做出努力。在学校因素中，职业发展还有较大提升空间，因此学校要为辅导员的职务提升、职称评审、干部选拔、学历提升提供更大支持。

（三）学院因素

高职院校辅导员大部分实行辅导员校、院两级管理，学校负责统筹管理，二级学院承担辅导员的具体使用和管理。二级学院作为辅导员实际工作的空间和平台，辅导员直接面向学生，因此二级学院需要构建和谐高效的辅导员工作环境，如辅导员分工科学，工作量大致相当；同事关系、上下级关系融洽；工作环境公平公正，辅导员评价以工作业绩为导向。二级学院需要构建有效的沟通机制，团队沟通交流顺畅，团队合作氛围浓厚。二级学院需要构建良好的学习成长机制，通过入职指导、工作例会、案例研讨、经验交流、外出学习等方式提高辅导员的工作能力。

1. 学院因素描述性统计

学院因素量表包括 14 个项目，3 个一阶因子，即团队环境、沟通机制、学习成长。量表采用李克特（Likert）5 点计分法，所有条目评分均为正向得分，即得分越高，学院因素各维度评价越高。本研究对 1062 名辅导员进行问

卷调查，对学院因素所有题项及其各因子上的平均数和标准差进行了统计，
"学院因素"的整体水平及各题项的描述性分析结果如表6-8所示，得分分
布箱型图如图6-2所示。

箱型图显示，接受调查的1062名辅导员对学院因素各题项评价总体较
高，其中，辅导员在B2—B4、B9、B12—B14题项的评价得分位于3—4，
B1、B5—B8题项评价得分的下四分位数趋近于4，B11的下四分位数和中位

表6-8 学院因素的描述性统计分析结果

题项	平均值	均值标准误	标准差	样本量
B1 人际关系	4.05	0.025	0.801	1062
B2 课题申报	3.41	0.032	1.055	1062
B3 分工科学	3.58	0.031	1.022	1062
B4 表扬肯定	3.82	0.028	0.927	1062
B5 寻求帮助	4.13	0.022	0.711	1062
B6 沟通障碍	4.15	0.022	0.726	1062
B7 分工协作	4.08	0.026	0.832	1062
B8 工作汇报	4.20	0.022	0.717	1062
B9 领导关心	3.78	0.030	0.991	1062
B10 入职指导	3.73	0.034	1.095	1062
B11 工作例会	2.89	0.036	1.172	1062
B12 案例研讨	3.56	0.031	1.005	1062
B13 经验介绍	3.62	0.030	0.987	1062
B14 外出学习	3.32	0.034	1.114	1062
团队环境	3.717	0.024	0.772	1062
沟通机制	4.069	0.020	0.655	1062
学习成长	3.425	0.023	0.758	1062
学院因素	3.737	0.020	0.656	1062

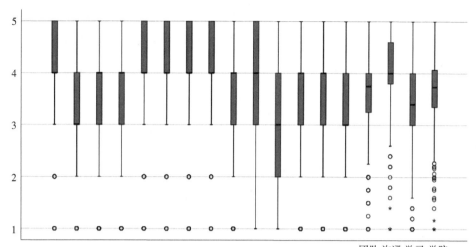

图 6-2   学院因素各题项及整体水平箱型图

数在所有题项评价中得分最低。从学院因素评价的整体水平及其三个维度看，辅导员对沟通机制的评价显著高于其他维度，学习成长维度的下四分位数和中位数明显最低。

表 6-8 显示，接受调查的 1062 名辅导员对学院因素评价均值为 3.737。各题项分值在 2.89 到 4.20 之间波动，其中得分最高的为 B8 "我会主动向领导汇报工作进展"，得分最低的是 B11 "学院召开的学生工作例会效率不高，不能解决实际问题"。在对学院因素三个维度进行比较时，沟通机制的平均值为 4.069，明显高于学习成长的平均值为 3.425。这说明二级学院能为辅导员提供和谐的团队环境、有效的沟通环境。但二级学院学习成长支持还是不够，在入职指导、工作例会、案例研讨、经验介绍和外出学习方面有提升空间。

有辅导员在访谈时就表示："其实，社会层面对辅导员的认同度还挺高的，从中央开始到各个省厅再到各个市，其实各级教育系统管理部门对辅导员都还是挺好的，发了很多的文件，但是到学校层面的话，很多政策并没有完全落地，这个涉及学校的问题。从社会层面来讲，大家都会觉得，辅导员是个大学老师，身份地位还挺高的，所以我觉得社会层面的这个认同度还是可以的，那么主要原因就是学校、学生以及辅导员自己三方面的认同出现了一些偏差。"（访谈对象：辅导员 XJ）这说明有一部分辅导员的职业认同低确实会与基层二级学院有关，特别是一些对辅导员的管理缺乏人文关怀的学院。

2. 学院因素对职业能力的影响

通过多元回归分析（见表 6-9），学院因素中沟通机制对辅导员职业能力及职业能力三个维度都产生重要影响，表明沟通机制能有效提升辅导员职业能力，对基础能力影响最大，这说明二级学院有良好的沟通机制。团队环境对职业能力的影响非常有限，没有产生显著影响。学习成长对职业能力产生显著影响，对工作能力影响最大，这说明学习成长能促进辅导员在思政建设、学生干部培养、学业指导、日常事务、网络思政等日常工作能力方面的提升。在学院因素中，团队环境还有较大提升空间，因此二级学院要营造良好的人际关系环境，科学分工，及时对辅导员进行表扬肯定及组建团队共同申报课题。

表 6-9　学院因素对职业能力的影响

自变量	因变量			
	基础能力	专业能力	工作能力	职业能力
团队环境	0.001	0.083	0.045	0.046
沟通机制	0.610***	0.489***	0.488***	0.562***
学习成长	0.011	0.142***	0.147***	0.108**
F	217.046***	132.583***	156.422***	196.333***
R^2	0.381	0.273	0.307	0.358

注：* 表示 $p<0.05$，** 表示 $p<0.01$，*** 表示 $p<0.001$。

总体上来看，学院是辅导员工作、生活的基层单位，辅导员工作生活主要以学院为主，进而学院因素会对辅导员的职业认同和职业能力发展产生较大影响。在访谈中我们会发现不同管理风格、人事结构、凝聚力的二级学院中的辅导员，其认同感和能力有着一定的差异。在访谈资料中，我们也可以观察到这样的表达："第一，所在学院对辅导员身份的认同，如果说领导都不支持或者不认同这支队伍的话,那让辅导员自己去认同自己的这个身份和地位,我觉得是比较困难的,也是天方夜谭。第二,学院学生对辅导员的认同,这也是很关键的,因为很多学校、学院,只是把辅导员当作处理事务性工作的一个环节,很多同学觉得辅导员根本就不是老师,他更多的像是一个事务性服务人员,行政人员琐碎繁杂的事情也都会去找辅导员,涉及寻找深层次原因和需要解决问题的时候,他们并不会想到辅导员。第三,就是辅导员自己对自己的认同,职业生涯规划发展的路径和自己对职业发展的策略,我觉得是一个很大的问题,他既然连职业生涯发展都没有想法、没有路径,没有策略,那他自然而然对这个岗位不会有更多的认同。所谓的这种认同,它需要在不断的外界的刺激之下,再加上自己内心的一种认可,这种认同度才会大大地增加。"(访谈对象:辅导员 ZYZ)

(四)个体因素

从以上数据分析看,对辅导员能力影响最大的不是学校层面,也不是二级学院层面,而是辅导员自身。在学校层面和学院层面无法有效提升辅导员职业能力的现实情况下,辅导员个体通过自身努力,提升个体职业竞争力。通过学习管理学、心理学、教育学、生涯规划、就业指导方面的专业理论知识,参与思想政治教育或学生工作方面的课题,积极参与各类职业培训,提升个体心理咨询等专业技能、网络应用技能、理论研究能力、教学能力。

1. 个体因素描述性统计

个体因素量表包括 8 个项目,2 个一阶因子,即理论学习、职业培训。量表采用李克特(Likert)5 点计分法,所有条目评分均为正向得分,即得分越高,个体因素各维度评价越高。本研究对 1062 名辅导员进行问卷调查,对个体因素所有题项及其各因子上的平均数和标准差进行了统计,"个体因素"的整体水平及各题项的描述性分析结果如表 6-10 所示,得分水平如图 6-3 所示。

箱型图显示,接受调查的 1062 名辅导员对个人因素各题项评价总体较高,其中,辅导员在 C2—C4、C7 和 C8 题项的评价得分位于 3—4,C1 和 C5 题项评价得分的下四分位数趋近于 4,C6 的下四分位数、中位数和上四分位

表 6-10　个体因素的描述性统计分析结果

题项	平均值	均值标准误	标准差	样本量
C1 政治热点	4.03	0.023	0.752	1062
C2 专业理论	3.79	0.026	0.842	1062
C3 课题研究	3.32	0.036	1.165	1062
C4 理论政策	3.78	0.028	0.924	1062
C5 专业技术	3.98	0.026	0.839	1062
C6 信息技术	3.91	0.027	0.878	1062
C7 研究能力	3.60	0.031	0.995	1062
C8 教学能力	3.87	0.028	0.908	1062
理论学习	3.713	0.023	0.735	1062
职业培训	3.831	0.024	0.770	1062
个体因素	3.772	0.021	0.686	1062

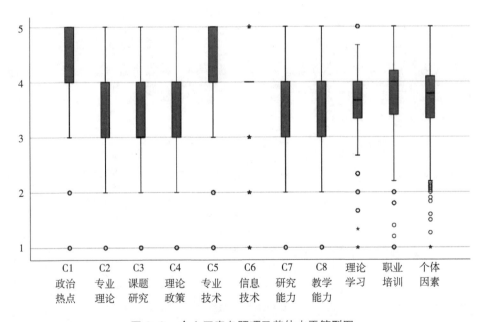

图 6-3　个人因素各题项及整体水平箱型图

高职院校辅导员职业能力
及影响因素实证研究

数均趋近于 4。同时，从个人因素评价的整体水平及其两个维度看，辅导员对职业培训的评价显著高于理论学习，但理论学习维度评价得分的集中程度更高，表明辅导员在个人理论学习的评价认识更为一致。

表 6-10 显示，接受调查的 1062 名辅导员对个体因素评价均值为 3.772。各题项分值在 3.32 到 4.03 之间波动，其中得分最高的为 C1 "我每天都会关注国家大事和整治热点问题"，得分最低的是 C3 "我主持或参与过思想政治教育或学生工作方面的课题"。在对个体因素两个维度进行比较时，职业培训的平均值为 3.831，略高于理论学习的平均值 3.713。这说明辅导员会积极参加相关的技能培训，但理论学习、课题研究还有提升空间。

2. 个体因素对职业能力的影响

通过多元回归分析（见表 6-11），个体因素中理论学习、职业培训对职业能力及职业能力三个维度都产生重要影响，这表明个体因素能有效提升辅导员职业能力。在个体因素两个维度中，理论学习对职业能力的影响更大。对于职业能力来说，理论学习对辅导员工作能力的影响最大，其次为专业能力、基础能力；职业培训对基础能力的影响最大，其次为工作能力、专业能力。个体因素中理论学习对辅导员工作能力的帮助最大，职业培训对辅导员专业能力的帮助最弱，因此需要科学指导帮助辅导员开展理论学习和职业培训，提高学习和培训的针对性和有效性。整体来说，个体因素对职业能力产生显著影响。

表 6-11　个体因素对辅导员职业能力的影响

自变量	因变量			
	基础能力	专业能力	工作能力	职业能力
理论学习	0.317^{***}	0.390^{***}	0.418^{***}	0.400^{***}
职业培训	0.306^{***}	0.297^{***}	0.305^{***}	0.322^{***}
F	252.219^{***}	343.793^{***}	409.411^{***}	405.992^{***}
R^2	0.323	0.394	0.436	0.434

注：* 表示 $p<0.05$，** 表示 $p<0.01$，*** 表示 $p<0.001$。

有辅导员在访谈过程中就提及了自身学习与单位培训对能力发展的重要性。他们说到："主要问题是辅导员对自己的职业生涯路径并不是很清晰。由于琐碎繁杂的事务性工作，占据了辅导员大量的时间，辅导员并没有从纷繁复杂的琐碎性事务当中找到自己的职业发展路径和方向，辅导员看不到10年、20年之后的发展前景，那三五年就会出现职业倦怠，导致辅导员要求转岗或者是离职。辅导员队伍的流动性比较大，导致了辅导员岗位每年都是由一些新入职的辅导员来担任。很多辅导员的专业并不是很对口，导致很多老师的专业技能在辅导员工作岗位上没有办法很好地发挥，对这个岗位的认同度也就不高，认为这只是一份工作。辅导员工作给予的相应报酬并不是十分对等，也间接导致了流动性大。"（访谈对象：辅导员 QYY）还有很多辅导员都认为，只有坚持不断地学习，才能提升辅导员的专业能力。

此外，在访谈中，很多访谈对象谈及了辅导员自身特质或性格因素对岗位匹配度存在较大影响。例如，一位访谈对象认为："个人能力是一个根本因素，有些人的性格特征就是不适合辅导员的岗位，这个岗位需要有耐心、爱心的人来做，面对学生事无巨细的各种问题，性格急躁的人真的很难做好这份工作。同样，有过学生工作经验的人，在组织策划能力方面有了一定基础，是很适合这个岗位需求的。"（访谈对象：辅导员 ZM）这对辅导员选聘有着一定启示。

整体看，通过学习提升辅导员个人的职业能力的观点得到了广泛的认可。但是，现实中通过个人学习来提升辅导员职业能力，往往也面临诸多的困境："我认为首先是辅导员的工作过于烦琐，学校各种和学生有关的工作最终都落在辅导员身上。辅导员进行各种职业能力培训后，对自己的职业生涯有了规划，但是很多规划和设计都在'白加黑，五加二'的繁忙工作中被抛弃，没有更多的时间和精力进行自我提升。其次是辅导员自己的能力和态度。随着时间的推移，新手变成了老手，工作的新鲜感慢慢消失，烦琐的工作内容使很多辅导员的工作状态出现偏差，热情已被耗尽，开始应付工作、消极怠工。"（访谈对象：辅导员 XFF）

二、回归结果

对辅导员职业能力影响因素的分析主要从四个维度进行探讨，具体为职业能力维度、学校行为维度、学院行为维度和个体行为维度。下面通过辅导员职业能力影响因素散点图矩阵分布情况，判断辅导员职业能力与其影响因素之间是否存在相关关系。

图6-4显示，辅导员职业能力与学校行为、学院行为以及个体行为等因

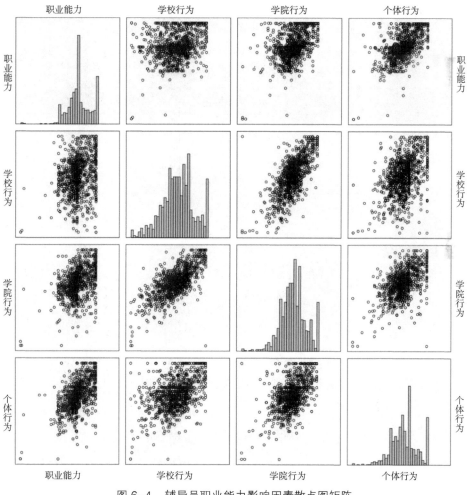

图6-4 辅导员职业能力影响因素散点图矩阵

素间均呈现较强的正相关。在学校行为方面，随着学校行为的加强，比如职业发展、能力培训和考核激励等措施的进一步完善，辅导员的职业能力呈现出一定的正相关关系；在学院行为方面，辅导员职业能力与学院行为存在较强的正相关关系，即学院行为的改善，对辅导员职业能力的增强具有积极的促进作用；在个体行为方面，辅导员职业能力与个体行为的散点分布较为集中，存在明显的正相关关系，这也进一步说明了辅导员个体行为的自我强化对其职业能力的提高有明显帮助。表 6–12 显示，职业能力与学校因素的相关系数为 0.369，与学院因素的相关系数为 0.544，与个体因素的相关系数为 0.658，即学校因素、学院因素和个体因素与辅导员职业能力显著相关。

表 6–12　职业能力相关性检验

	职业能力	学校因素	学院因素	个体因素
皮尔逊相关系数	1	0.369**	0.544**	0.658**
sig（双尾）		0.000	0.000	0.000
个案数	1062	1062	1062	1062

注：* 表示 $p<0.05$，** 表示 $p<0.01$，*** 表示 $p<0.001$。

回归分析 SPSS 统计分析后的数据结果如下：

模型 1 和模型 2 的 VIF 值小于 3（1.047—2.654 之间），不存在多重共线性问题；DW 为 2.019，样本不存在序列相关；通过正态性检验，符合回归分析条件。通过多元回归分析（见表 6–13），担任辅导员的时间（$\beta =0.093^*$）对职业能力的影响显著，也就是说任职时间提升一个档次，职业能力提高 0.093。模型 1 的判定系数为 0.015，也就是说性别、担任辅导员的时间对职业能力的解释力为 1.5%。

在模型 2 中加入自变量学校因素、学院因素、个体因素，学校因素（$\beta =0.152^{***}$）、学院因素（$\beta =0.333^{***}$）、个体因素（$\beta =0.521^{***}$）对职业能力的影响显著，也就是学校因素每提升一个档次，辅导员职业能力就提高

表6–13 学校因素、学院因素、个体因素对辅导员职业能力的回归分析

自变量	因变量（模型1）			因变量（模型2）		
	职业能力	T值	sig	职业能力	T值	sig
（常量）		43.653	0.000		15.072	0.000
性别	−0.092**	−2.952	0.003	−0.022	−0.950	0.342
年龄	−0.056	−1.378	0.169	0.006	0.211	0.833
学历	−0.056	−1.790	0.074	−0.063**	−2.755	0.006
时间	0.093*	2.319	0.021	0.057	1.897	0.061
学校因素				0.152***	4.198	0.000
学院因素				0.333***	8.562	0.000
个体因素				0.521***	17.217	0.000
Durbin–Watson						
F	5.039**		0.001	138.808***		0.000
R^2	0.019			0.480		
ΔR^2	0.015			0.476		

注：* 表示 $p<0.05$，** 表示 $p<0.01$，*** 表示 $p<0.001$。

0.152；学院因素每提升一个档次，辅导员职业能力就提高0.333；个体因素每提升一个档次，辅导员职业能力就提高0.521，验证了假设 H1-1、假设 2-1、假设 3-1。个人背景变量除学历对职业能力产生显著影响外，其余个人背景变量对职业能力没有显著影响。模型2的矫正判断系数为0.476，比模型1提升了46.1个百分点，这说明相对于个人背景变量而言，学院因素、个体因素对职业能力的解释力更大，达到47.6%的水平。

第二节 职业认同对职业能力的中介效应检验

一、描述统计

（一）描述统计

辅导员职业认同是辅导员个体和辅导员所处社会环境、学校环境、二级学院环境共同影响的结果。辅导员的职业认同受到诸多因素的影响，例如个体因素、学校类别、地理区域、薪酬待遇等，只有充分了解辅导员职业认同深层次的影响因素，才能把握辅导员职业认同的现状和发展趋势，为提升辅导员职业认同提供科学有效的措施和路径。

辅导员职业认同量表包括 12 个项目，2 个一阶因子，即职业情感、职业意志。量表采用李克特（Likert）5 点计分法，所有条目评分均为正向得分，即得分越高，职业认同程度越高。本研究对 1062 名辅导员职业认同所有题项及其各因子上的平均值和标准差进行了统计，"职业认同"的整体水平及各题项描述性分析结果如表 6-14 所示，得分分布箱型图如图 6-5 所示。[1]

箱型图显示，接受调查的 1062 名辅导员职业认同得分较高，下四分位数均在 3 以上，职业情感、职业意志和职业认同得分分布的中位数和上四分数位数相近，但职业意志的下四分位数最小。表 6-14 显示，辅导员总体职业认同均值为 3.797，各题项分值在 3.30 到 4.39 之间波动，其中得分最高的为 D3 "我认为辅导员职业是值得尊敬的，担负着重要责任"，得分最低的是 D10 "在职称或职务评聘过程中，即使我暂时落后于其他岗位人员，我也不愿意转岗"。在对职业认同两个维度进行比较时，职业情感的平均水平为 3.83，明显高于职业意志的平均水平，这说明辅导员虽然对辅导员职业充满尊重并认

---

[1] 由于因子分析结果篇幅较长，本研究并未将该结果放至正文部分。因子分析详细过程见附录一。

表 6-14　职业认同描述性分析

题项	平均值	均值标准误	标准差	样本量
D1 他人态度	3.99	0.026	0.835	1062
D2 个人感受	4.03	0.025	0.819	1062
D3 价值尊重	4.39	0.022	0.720	1062
D4 个人价值	3.86	0.029	0.939	1062
D5 工作信心	3.94	0.027	0.869	1062
D7 困难解决	4.17	0.021	0.671	1062
D8 冲突克服	3.59	0.031	10.007	1062
D9 社会地位	3.95	0.028	0.903	1062
D10 挫折应对	3.30	0.034	10.092	1062
D11 克服倦怠	3.99	0.024	0.798	1062
D12 离职意愿	3.60	0.033	10.071	1062
职业情感	3.830	0.018	0.576	1062
职业意志	3.765	0.023	0.757	1062
职业认同	3.797	0.019	0.610	1062

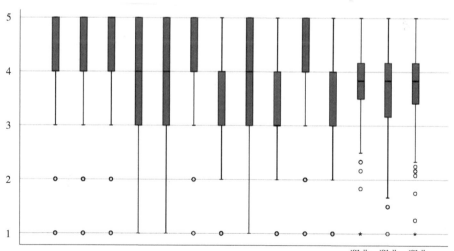

图 6-5　职业认同各题项及整体水平箱型图

可其重要价值，但是一旦遇到困难和挫折，会选择离开辅导员岗位，因此辅导员在职业意志方面的培养还有提升空间。

从现实角度看，首先，由于辅导员的工作较为烦琐，学校各种和学生有关的工作最终都落在辅导员身上。辅导员进行各种职业能力培训后，对自己的职业生涯有了规划，但是很多规划和设计都在"白加黑，五加二"的繁忙工作中被抛弃，没有更多的时间和精力进行自我提升。其次是辅导员自己的能力和态度。随着时间的推移，新手变成了老手，工作的新鲜感慢慢消失，烦琐的工作内容使很多辅导员的工作状态出现偏差，热情已被耗尽，开始应付工作、消极怠工。

在访谈中我们也发现，辅导员职业认同的影响因素较多，具有典型性的观点有："一是专业知识不扎实，包括思想政治教育理论及心理健康教育知识等。二是归属感不强，待遇低、带班多、任务重、压力大、权职不清、成就感低等都会导致归属感不强。三是缺少一些认同与尊重。"（访谈对象：辅导员CYT）还有辅导员认为："影响职业认同的因素有岗位职责，岗位工作内容，福利待遇，自我感知到的被尊重的感觉，专业培训，明确的职业发展规划，等等。"（访谈对象：辅导员LYH）

（二）差异分析

1. 个体差异

分别对不同人口特征的辅导员的职业认同进行比较，结果发现不同性别、学历、毕业院校、专业的辅导员在职业认同上存在显著差异。

（1）性别差异。

图6-6显示，男性辅导员的职业情感的下四分位数、中位数和上四分位数高于女性，职业情感得分较为一致。同时，男性辅导员的职业认同的上四分位数高于女性，但女性辅导员的职业认同得分分布更集中，在职业认同上多数女性辅导员更趋于一致。

如表6-15所示，独立样本T检验分析表明，不同性别的辅导员存在显著差异，在职业情感、职业意志、整体职业认同方面，男性辅导员显著高于女性

高职院校辅导员职业能力
及影响因素实证研究

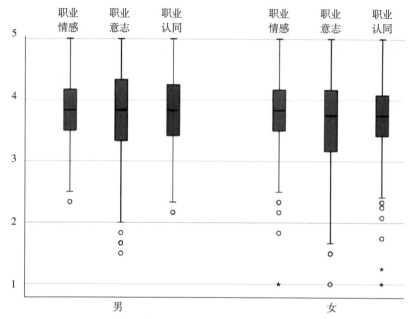

图 6-6 不同性别辅导员的职业认同

表 6-15 性别与辅导员职业认同

	职业情感 M（SD）	职业意志 M（SD）	职业认同 M（SD）
男（1）	3.90（0.57）	3.84（0.78）	3.87（0.62）
女（2）	3.79（0.58）	3.72（0.74）	3.75（0.60）
F	0.069**	1.232**	1.376**
Scheffe	1>2*	1>2*	1>2*

注：* 表示 *p*<0.05，** 表示 *p*<0.01，*** 表示 *p*<0.001。

辅导员。这应该与高职院校人才培养模式和特点有关，高职院校注重实践教学和学生实操能力的培养，男性辅导员更容易适应高职教育特点，对于职业教育更容易认同和接受。在职业认同两个维度上分析，无论男女，职业情感平均水平总体高于职业意志平均水平，这说明辅导员对辅导员的职业充满情感和热情，但遇到困难和挫折时，不容易继续坚持辅导员这一职业。

在访谈中我们得到了类似的结果。例如，有受访者就提到了性别的影响：

"辅导员所需要的突出的职业能力有这几个方面。第一，较强的文字能力，无论是报送材料、总结还是宣传报道等等，需要很强的文字功底。第二，就是抗压能力，刚刚提到了，现在工作压力越来越大，突发事件也频频发生，对于辅导员来说，承受压力是一个突出能力，合理减压也是一个突出能力，男老师在这方面或许具有一定的优势。"（访谈对象：学工部中层干部 LG）并且"男老师对该工作的认同度较高，主要可能是因为很多男老师在做了几年辅导员之后会较快地转为管理岗，其工作热情相较于女老师来说会比较高一点"。（访谈对象：某校级领导 ZYC）

（2）学历差异。

如图 6-7 所示，总体上，本科学历和硕士学历的辅导员整体职业认同存

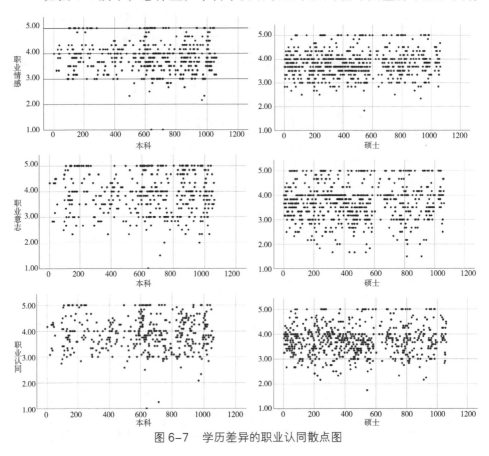

图 6-7　学历差异的职业认同散点图

高职院校辅导员职业能力
及影响因素实证研究

在差异，本科学历辅导员职业认同得分主要分布于3—5，硕士学历辅导员职业认同得分集中于3—4。具体的维度上，本科学历辅导员的职业意志分布集中程度高于硕士学历，但职业情感得分的分布较为一致。

如表6-16所示，独立样本T检验分析表明，不同学历的辅导员职业认同存在显著差异。在职业意志、整体职业认同方面，本科学历辅导员显著高于硕士学历辅导员。本科毕业后从事辅导员工作，在年龄上与学生更相近，年富力强，没有家庭和婚姻的束缚，更容易投入工作并接受辅导员职业。而硕士毕业后从事辅导员工作，担任辅导员意味着不能专职从事教学和科研工作，事务性工作占据辅导员的日常时间，这与经过学术培养并由此带来的学术期望形成落差，同时由于年龄的原因需要进入家庭和婚姻生活，导致硕士学历辅导员职业认同低于本科学历辅导员。在职业认同两个维度上分析，对于硕士学历辅导员来说，职业情感平均值远高于职业意志平均值。

表6-16 学历与辅导员职业认同

	职业情感 M（SD）	职业意志 M（SD）	职业认同 M（SD）
本科（1）	3.86（0.61）	3.88（0.77）	3.87（0.63）
硕士（2）	3.81（0.55）	3.69（0.74）	3.75（0.59）
F	3.456	1.895***	3.782**
Scheffe		1>2*	1>2*

注：* 表示 $p<0.05$，** 表示 $p<0.01$，*** 表示 $p<0.001$。

（3）毕业院校差异。

如表6-17所示，单因素方差分析表明，不同毕业院校对辅导员职业认同存在显著差异：毕业于国外高校的辅导员职业情感和整体职业认同显著高于其他辅导员。此外，毕业于普通高校的辅导员职业情感和整体职业认同显著高于985或211高校毕业辅导员。毕业于国外高校的辅导员因为国外高校的求学经历，较早接触并熟悉国外高校的学生事务工作，对于学生事务专职人员的专业性有较全面认识，因此毕业于国外高校的辅导员更容易认同辅导员职业。而毕业于国内普通高校与985或211高校进行比较，毕业于国内普通高校的辅导员对自我认识更全面和务实，不容易好高骛远。从职业认同两个维度上分析不同毕业高校，总体上职业情感平均水平高于职业意志平均水平，也就是整体上说明辅导员对辅导员的职业充满情感和热情，但遇到困难和挫折时，不容易继续坚持辅导员这一职业。

表6-17　毕业院校与辅导员职业认同

	职业情感 M（SD）	职业意志 M（SD）	职业认同 M（SD）
985 或 211（1）	3.77（0.54）	3.70（0.71）	3.74（0.57）
普通高校（2）	3.87（0.59）	3.80（0.77）	3.83（0.62）
国外高校（3）	3.96（0.63）	3.84（0.86）	3.90（0.67）
其他（4）	3.65（0.57）	3.70（0.79）	3.67（0.63）
F	4.660**	1.353	2.886*
Scheffe	3>1，2，4* 2>1，4*		3>1，2，4* 2>1，4*

注：* 表示 $p<0.05$，** 表示 $p<0.01$，*** 表示 $p<0.001$。

（4）专业差异。

如表6-18所示，单因素方差分析表明，不同专业对辅导员的职业认同存在显著差异：在职业情感、职业意志和整体职业认同方面，理工科专业辅导员显著高于思想政治教育、教育学、心理学等学生工作相关专业以及文科其他专业辅导员。思想政治教育、教育学、心理学等学生工作相关专业辅导员，也就是专业对口辅导员，思维方式容易固化，容易较早出现专业倦怠。而理工科专业辅导员在职业教育高质量快速发展的大背景下，担任辅导员工作，扩充了理工科专业辅导员的知识背景和理论体系，更容易以理性思维去接触新的事物。从职业认同两个维度上分析不同专业，总体上职业情感平均水平高于职业意志平均水平。

高职院校辅导员职业能力
及影响因素实证研究

表 6-18　所学专业与辅导员职业认同

	职业情感 M（SD）	职业意志 M（SD）	职业认同 M（SD）
相关专业（1）	3.77（0.55）	3.70（0.75）	3.74（0.60）
文科其他（2）	3.80（0.58）	3.75（0.76）	3.78（0.76）
理工科（3）	3.90（0.59）	3.84（0.76）	3.84（0.76）
F	4.116*	2.655	3.878*
Scheffe	3>1，2*	3>1，2*	3>1，2*

注：* 表示 $p<0.05$，** 表示 $p<0.01$，*** 表示 $p<0.001$。

2. 工作特征差异

（1）用工方式差异。

如表 6-19 所示，单因素方差分析表明，不同用工形式对辅导员的职业认同存在显著差异：在职业情感和职业意志方面，外聘辅导员、学校聘用辅导员与正式编制辅导员有显著差异。在整体职业认同方面，外聘辅导员显著高于其他用工方式的辅导员。正式编制辅导员岗位纳入国家事业编制，工资收入比较稳定；学校聘用相对于正式编制，不是事业编制，只是学校内部聘用方式；外聘方式辅导员由学校购买服务，整体收入和稳定性较差，有强烈进入事业编制

表 6-19　用工方式与辅导员职业认同

	职业情感 M（SD）	职业意志 M（SD）	职业认同 M（SD）
正式编制（1）	3.79（0.57）	3.72（0.74）	3.75（0.61）
学校聘用（2）	3.89（0.58）	3.83（0.76）	3.86（0.61）
外聘（3）	4.10（0.46）	4.15（0.71）	4.13（0.52）
其他（4）	3.75（0.66）	3.70（0.80）	3.73（0.66）
F	4.078**	3.720*	4.625**
Scheffe	2>1* 3>1，4*	3>1，4* 2，3>1*	3>1，2，4* 2>1*

注：* 表示 $p<0.05$，** 表示 $p<0.01$，*** 表示 $p<0.001$。

的动力和动机，因此比较看重辅导员岗位，愿意加入辅导员队伍，投入大量的精力和时间承担辅导员工作，对辅导员职业比较认同。从职业认同两个维度上分析不同用工形式，总体上职业情感平均水平高于职业意志平均水平，也就是整体上说明辅导员对辅导员的职业充满情感和热情，但遇到困难和挫折时，不容易继续坚持辅导员这一职业。

（2）所带学生数差异。

如表6-20所示，单因素方差分析表明，所带学生数对辅导员的职业认同存在显著差异：在职业情感方面，所带学生200—300人的辅导员显著高于所带学生300—400人的辅导员。在职业意志和整体职业认同方面，所带学生200人以下、200—300人的辅导员显著高于所带学生300—400人的辅导员。所带学生300人以下的辅导员更容易有职业认同，说明所带学生人数越多，辅导员承担的工作和压力越大，对职业认同越低。虽然所带学生400人以上的辅导员，职业情感、职业意志和整体职业认同平均水平并不是最低，但人数增加会影响工作实效性和对每个学生进行思想政治教育的质量。

表 6-20　所带学生数与辅导员职业认同

	职业情感 M（SD）	职业意志 M（SD）	职业认同 M（SD）
200 人及以下（1）	3.79（0.62）	3.80（0.76）	3.79（0.64）
200—300 人（2）	3.91（0.57）	3.83（0.73）	3.87（0.59）
300—400 人（3）	3.76（0.54）	3.59（0.73）	3.67（0.57）
400 人以上（4）	3.81（0.52）	3.72（0.80）	3.77（0.60）
F	3.584[*]	4.104[**]	3.955[**]
Scheffe	2>3[*]	1，2>3[*]	1，2>3[*]

注：* 表示 $p<0.05$，** 表示 $p<0.01$，*** 表示 $p<0.001$。

从表6-20看，所带学生200人以上，总体上职业情感平均水平高于职业意志平均水平；所带学生200人及以下，总体上职业情感平均水平低于职业意志平均水平，也就是所带学生 200 人及以下的辅导员遇到困难更容易解决和坚持辅导员岗位，所带学生 200 人以上的辅导员更容易遇到较难解决的困难。从以上分析看，所带学生 200 人是一个值得研究的临界点，与教育部规定总体上按照师生比不低于 1∶200 的比例设置专职辅导员岗位的规定一致。

（3）职称差异。

如表 6-21 所示，单因素方差分析表明，不同职称对辅导员的职业认同存在显著差异。采用 Scheffe 事后比较分析发现：在职业情感、职业意志和整体职业认同方面，高级职称、初级职称和无职称辅导员显著高于中级职称辅导员，应该是无职称、初级职称辅导员评聘高一级职称相对容易，有动机和动力进行辅导员职称评聘；而中级职称辅导员比较难获聘高级职称；高级职称辅导员相对比较稳定，自我效能感比较高，对辅导员职业认同也比较高。高级职称辅导员，职业意志平均水平高于职业情感，克服职业困难的能力更强；中级、初级职称辅导员，职业情感平均水平高于职业意志；无职称辅导员，职业意志平均水平高于职业情感，说明遇到困难时更容易坚持辅导员工作，应该与年轻、工作激情有关。中级职称辅导员占比 33.62%，而高级职称辅导员仅占 3.11%，中级职称晋升到高级职称有较大难度，因此中级职称辅导员随着时间的增加，职业认同也随之降低。

表 6-21　职称与辅导员职业认同

	职业情感 M（SD）	职业意志 M（SD）	职业认同 M（SD）
高级（1）	3.86（0.57）	3.88（0.76）	3.87（0.63）
中级（2）	3.81（0.55）	3.64（0.78）	3.73（0.60）
初级（3）	3.85（0.56）	3.78（0.72）	3.81（0.59）
无（4）	3.83（0.62）	3.87（0.75）	3.85（0.63）
F	0.234*	5.815**	2.657*
Scheffe	4，3，1>2*	4，3，1>2*	4，3，1>2*

注：* 表示 $p<0.05$，** 表示 $p<0.01$，*** 表示 $p<0.001$。

（4）薪酬满意度差异。

如表 6-22 所示，单因素方差分析表明，不同薪酬满意度对辅导员的职业认同存在显著差异：在职业情感、职业意志和整体职业认同方面，薪酬非常满意和比较满意的辅导员显著高于其他满意程度的辅导员。但在职业情感方面，薪酬非常不满意的辅导员显著高于薪酬不满意和一般的辅导员，辅导员个人付出与获得薪酬认可有较大距离有关；但由于薪酬满意度原因，薪酬非常不满意的辅导员对辅导员职业的坚持度最低。薪酬非常不满意、不满意、一般的辅导员职业情感平均水平高于职业意志平均水平；薪酬比较满意、非常满意的辅导员，职业情感平均水平低于职业意志平均水平，也就是薪酬满意度越高，越容易坚持辅导员职业。

表 6-22　薪酬满意度与职业认同

	职业情感 M（SD）	职业意志 M（SD）	职业认同 M（SD）
非常不满意（1）	3.89（0.61）	3.54（0.91）	3.72（0.69）
不满意（2）	3.71（0.54）	3.57（0.73）	3.64（0.58）
一般（3）	3.83（0.57）	3.81（0.70）	3.82（0.58）
比较满意（4）	3.95（0.59）	4.01（0.72）	3.98（0.60）
非常满意（5）	4.18（0.58）	4.43（0.59）	4.31（0.49）
F	7.559***	17.685***	13.960***
Scheffe	5>1, 2, 3* 4>2, 3* 1, 3>2*	5>1, 2, 3, 4* 4>1, 2, 3* 3>1, 2*	5>1, 2, 3, 4* 4>1, 2, 3* 3>2*

注：* 表示 $p<0.05$，** 表示 $p<0.01$，*** 表示 $p<0.001$。

3. 地区差异

图 6-8—图 6-10 显示，不同地区辅导员的职业认同的频数分布直方图具有明显差异，即东部地区和中部地区的辅导员职业认同集中程度高于西部地区。具体表现为东部地区辅导员的职业情感、职业意志和职业认同的分布均呈

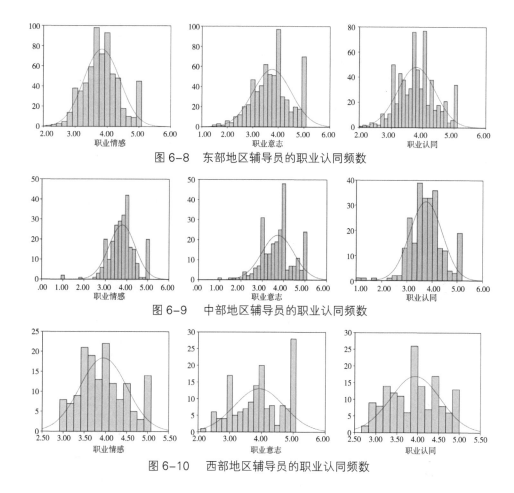

图 6-8　东部地区辅导员的职业认同频数

图 6-9　中部地区辅导员的职业认同频数

图 6-10　西部地区辅导员的职业认同频数

现出集中趋势，中部地区的辅导员认同感主要在职业情感和职业认同方面分布较为集中。而西部地区的辅导员的职业认同、职业情感、职业意志频数分布直方图分布较为分散。

此外，正态分布曲线特征表明，西部地区的职业认同及其两个维度曲线的峰度系数均低于东、中部地区，曲线更平坦，且左偏程度低于东、中部地区，这表明了西部地区职业认同程度高于东、中部地区。

如表 6-23 所示，单因素方差分析表明，不同地区对辅导员的职业认同存在显著差异：在职业情感、职业意志和整体职业认同方面，西部地区辅导员显著高于东部地区辅导员，应该与东部经济发达地区高房价、高经济压力对于辅导员的冲击有关。尽管东部地区经济发达，薪酬水平普遍相对较高，但当地生活成本、经济压力以及薪酬在当地实际所处水平，严重影响了辅导员的职业认同，因此当地的生活压力影响了辅导员的职业认同。从职业认同两个维度上分析不同地区，总体上职业情感平均水平高于职业意志平均水平，也就是整体上说明辅导员对辅导员的职业充满情感和热情，但遇到困难和挫折时，不容易继续坚持辅导员这一职业。

表 6-23　不同地区对职业认同的影响

	职业情感 M（SD）	职业意志 M（SD）	职业认同 M（SD）
东部地区（1）	3.808（0.52）	3.68（0.70）	3.74（0.55）
中部地区（2）	3.810（0.62）	3.78（0.78）	3.79（0.65）
西部地区（3）	3.957（0.54）	3.94（0.78）	3.95（0.59）
F	4.183*	6.856**	6.258**
Scheffe	3>1，2*	3>1*	3>1，2*

注：* 表示 $p<0.05$，** 表示 $p<0.01$，*** 表示 $p<0.001$。

在访谈中，我们也了解到，各个地区辅导员所面临的地区生活环境压力来源是不一样的。例如，在东部发达地区，对于年轻辅导员来说，较为困难的是购房问题；在中西部地区，辅导员虽然在购房问题上压力小一点，但其薪酬水平仍偏低。例如，有被访者就提到："待遇，多次提到，没有稳定的待遇是不行的。年轻老师也面对很多生活的压力，需要解决年轻辅导员在经济上的后顾之忧，能够有倾斜的职业发展通道，职称或者行政岗位的提升。我知道的是现在部队对于文职人员待遇进行了大幅提升，相应的职称发展也有了好的机制，这个可以进行借鉴；医院里护士和医生，也进行了不同的职业发展道路划分，这个就很好，各司其职，各有发展。"（访谈对象：辅导员 ZG）

（三）相关影响因素描述统计

1.政策因素

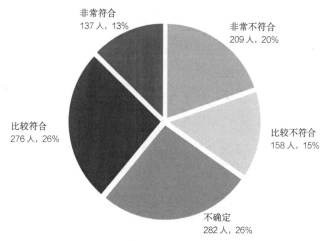

非常符合
137人，13%

非常不符合
209人，20%

比较符合
276人，26%

比较不符合
158人，15%

不确定
282人，26%

图 6-11　辅导员行政级别政策评价

（1）行政级别政策。

从图 6-11 可以看到，对于高校落实"学校会根据辅导员的实际表现和工作年限确定相应行政级别，并享受同级待遇"这一政策，13% 的辅导员表示非常符合，26% 的表示比较符合。同时，表示非常不符合和比较不符合的辅导员合计 35%。如表 6-24 所示，单因素方差分析表明，高校行政级别政策落实情

表 6-24　辅导员行政级别落实对职业认同的影响

	职业情感 M（SD）	职业意志 M（SD）	职业认同 M（SD）
非常不符合（1）	3.66（0.63）	3.45（0.84）	3.60（0.66）
比较不符合（2）	3.70（0.50）	3.57（0.74）	3.64（0.54）
不确定（3）	3.71（0.51）	3.64（0.67）	3.68（0.54）
比较符合（4）	3.83（0.47）	3.91（0.55）	3.87（0.47）
非常符合（5）	4.34（0.62）	4.42（0.71）	4.38（0.62）
F	37.289***	49.653***	51.569***
Scheffe	5>4* 5, 4>1, 2, 3*	5>4* 5, 4>1, 2, 3*	5>4* 5, 4>1, 2, 3*

注：* 表示 $p<0.05$，** 表示 $p<0.01$，*** 表示 $p<0.001$。

况对辅导员职业认同产生显著影响。分析发现：在职业情感和职业意志方面，对高校落实辅导员行政级别表示"比较符合"和"非常符合"的辅导员职业认同显著高于其他辅导员，对高校落实辅导员行政级别表示"非常符合"的辅导员职业认同显著高于表示"比较符合"的辅导员，这说明高校越是落实辅导员行政级别，辅导员职业认同越是较高。总体上，辅导员职业认同随着落实辅导员行政级别程度的提升而增高。

在调查中，谈及行政级别问题时，辅导员群体表达出很关切的态度。事实上，在实际政策运行中，各个学校也有不同的政策。例如，某学校二级学院副书记岗位的选拔必须从在岗的一线辅导员中产生，而且基本是工作满8年就有机会竞聘，按照工作业绩选拔。还有的学校，副书记岗位是主管学生工作的中层领导岗位，优先从一线辅导员中选拔应得到保证，入职从事辅导员工作，几年后基本都可以在副书记和副处岗位了；还有参与调查的某江浙高校，有首席辅导员和骨干辅导员制度，到工作年限后如果没有相应岗位，也解决待遇问题。行政待遇上，各地区差异较大。

（2）职称评审政策。

从图6-12可以看到，对于"学校辅导员职称评审参照教师岗位，单列计划、单设指标、单独评审"这一政策，20%的辅导员表示非常符合，36%的表

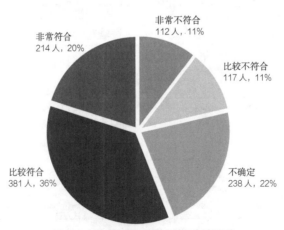

图6-12　辅导员职称评审政策评价

示比较符合。同时，表示非常不符合和比较不符合的辅导员合计 22%。如表 6-25 所示，单因素方差分析表明，高校落实辅导员职称评审政策，对辅导员职业认同产生显著影响。采用 Scheffe 事后比较分析发现：在职业情感和职业意志方面，对高校落实辅导员职称评审政策表示"比较符合"和"非常符合"的辅导员职业认同显著高于其他辅导员，对高校落实辅导员职称评审政策表示"非常符合"的辅导员职业认同显著高于表示"比较符合"的辅导员，这说明高校越是落实辅导员职称评审政策，辅导员职业认同越是较高。总体上，辅导员职业认同随着落实辅导员职称评审政策程度的提升而增高。

表 6-25　辅导员职称评审政策落实对职业认同的影响

	职业情感 M（SD）	职业意志 M（SD）	职业认同 M（SD）
非常不符合（1）	3.68（0.68）	3.42（0.87）	3.58（0.70）
比较不符合（2）	3.70（0.54）	3.57（0.73）	3.63（0.57）
不确定（3）	3.74（0.51）	3.59（0.73）	3.65（0.56）
比较符合（4）	3.78（0.48）	3.79（0.60）	3.78（0.47）
非常符合（5）	4.20（0.61）	4.21（0.79）	4.21（0.65）
F	32.934***	33.159***	38.893***
Scheffe	5>4*　5, 4>1, 2, 3*	5>4*　5, 4>1, 2, 3*	5>4*　5, 4>1, 2, 3*

注：* 表示 $p<0.05$，** 表示 $p<0.01$，*** 表示 $p<0.001$。

（3）学历提升政策。

从图 6-13 可以看到，对于"辅导员在职攻读硕士或博士可以脱产半年以上或提供学费资助"这一政策，12% 的辅导员表示非常符合，22% 的表示比较符合。同时，表示非常不符合和比较不符合的辅导员合计 25%。如表 6-26 所示，单因素方差分析表明，高校辅导员学历提升政策落实情况对辅导员职业认同产生显著影响。采用 Scheffe 事后比较分析发现：在职业情感和职业意志方面，对高校落实辅导员学历提升政策表示"比较符合"和"非常符合"的辅导

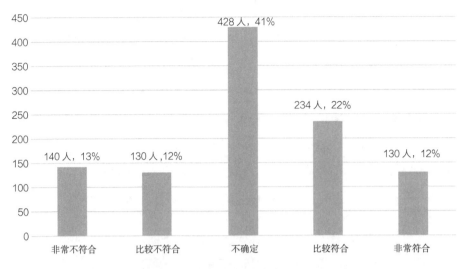

图 6-13　辅导员学历提升政策评价

表 6-26　辅导员学历提升政策支持对职业认同的影响

	职业情感 M（SD）	职业意志 M（SD）	职业认同 M（SD）
非常不符合（1）	3.74（0.69）	3.45（0.90）	3.59（0.74）
比较不符合（2）	3.75（0.51）	3.64（0.70）	3.69（0.52）
不确定（3）	3.75（0.51）	3.69（0.69）	3.72（0.54）
比较符合（4）	3.79（0.46）	3.80（0.61）	3.80（0.48）
非常符合（5）	4.34（0.64）	4.41（0.74）	4.37（0.64）
F	32.956***	36.129***	41.299***
Scheffe	5>4* 5，4>1，2，3*	5>4* 5，4>1，2，3*	5>4* 5，4>1，2，3*

注：* 表示 $p<0.05$，** 表示 $p<0.01$，*** 表示 $p<0.001$。

员职业认同显著高于其他辅导员，对高校落实辅导员学历提升政策表示"非常符合"的辅导员职业认同显著高于表示"比较符合"的辅导员，这说明高校越是落实辅导员学历提升政策，辅导员职业认同越是较高。总体上，辅导员职业认同随着落实辅导员职业能力提升政策程度的提升而增高。

（4）业绩评价政策。

从图6-14可以看到，对于"学校辅导员职称评审会考虑实际工作表现，而不是唯科研论"这一政策，多数辅导员表示比较符合（33%）和不确定（31%）。同时，15%的辅导员表示非常符合，表示非常不符合和比较不符合的辅导员合计21%。如表6-27所示，高校辅导员工作业绩政策落实情况对辅

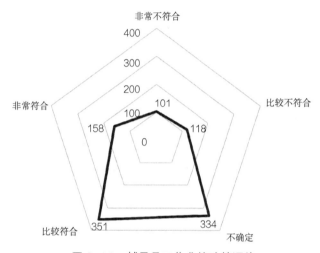

图 6-14　辅导员工作业绩政策评价

表 6-27　辅导员工作业绩政策对职业认同的影响

	职业情感 M（SD）	职业意志 M（SD）	职业认同 M（SD）
非常不符合（1）	3.66（0.71）	3.37（0.94）	3.51（0.74）
比较不符合（2）	3.68（0.52）	3.41（0.72）	3.55（0.57）
不确定（3）	3.70（0.52）	3.55（0.67）	3.62（0.53）
比较符合（4）	3.81（0.45）	3.86（0.56）	3.84（0.44）
非常符合（5）	4.36（0.58）	4.52（0.62）	4.44（0.55）
F	49.402***	78.767***	79.610***
Scheffe	5>4* 5, 4>1, 2, 3*	5>4* 5, 4>1, 2, 3*	5>4* 5, 4>1, 2, 3*

注：* 表示 $p<0.05$，** 表示 $p<0.01$，*** 表示 $p<0.001$。

导员职业认同产生显著影响。在职业情感和职业意志方面，对高校落实辅导员工作业绩政策表示"比较符合"和"非常符合"的辅导员职业认同显著更高；对高校落实辅导员工作业绩政策表示"非常符合"的辅导员职业认同显著高于表示"比较符合"的辅导员，这说明高校越是落实辅导员工作业绩政策，辅导员职业认同越是较高。总体上，辅导员职业认同随着高校落实辅导员工作业绩政策程度的提升而增高。

总体看，辅导员相关待遇政策基本得到了较好的落实。但在实际调查中我们也会发现，有部分辅导员的部分相关待遇并未得到充分落实，这不仅会引发一定的矛盾，还十分不利于辅导员队伍的认同感和稳定。例如，有辅导员在访谈中就说到："主要还是制度建设和落实问题，辅导员考核、培训、晋升、待遇定级等都影响这个队伍的稳定性，只有全面系统的又合理的制度才能让队伍稳定下来，才有队伍的建设可言，否则人心是浮的，根本无建设可言。同时，制度不能只停留在纸上，还要走到实际工作中，其实省里也有一些比较成熟的文件了，但是能真正落实的院校还是少数。如果不能根据实际情况设定新的制度，但至少能执行已有的制度。"并建议："严格执行国家和省里对于辅导员配备和定级定岗的相关制度，给足钱、给足空间、给足尊重、给足关爱，队伍一定稳定。"（访谈对象：辅导员 ZM）

还有辅导员提及："就是严格执行省里对辅导员的配比和晋升定级的文件，领导们要有魄力去执行，否则辅导员岗位稳定不了。辅导员承受的心理压力也非常的大，普通教师只要把课上好，把科研做好就可以了，但是辅导员除了做好这些还要承担很多关系学生健康成长的琐碎而重要的工作，这些是普通教师无法比拟的。"（访谈对象：辅导员 ZYC）

2. 学校因素

通过多元回归分析（见表6-28），能力培训对辅导员职业认同及职业认同两个维度都产生重要影响，这表明能力培训能有效提升辅导员职业认同，特别对于职业意志影响最大。职业发展对职业认同的影响非常有限，没有产生显著影响。考核激励对职业认同产生显著影响，对职业情感影响最大，说明考核激励能增加辅导员对自身岗位的情感。在学校因素中，职业发展还有较大提升空间，因此学校要为辅导员的职务提升、职称评审、干部选拔、学历提升提供更大的政策支持。

表 6-28　学校因素对职业认同的影响

自变量	因变量		
	职业情感	职业意志	职业认同
职业发展	0.04[*]	0.063	0.01
能力培训	0.259[***]	0.309[***]	0.251[***]
考核激励	0.156[**]	0.109[*]	0.160[**]
F	54.939[***]	51.867[***]	61.263[***]
R^2	0.135	0.128	0.148

注：* 表示 $p<0.05$，** 表示 $p<0.01$，*** 表示 $p<0.001$。

在访谈中，许多辅导员提到学校对辅导员的考核激励体系相关问题，他们认为这一因素对其职业认同会有较大影响。例如，有辅导员就提到："辅导员既要能'脚踏实地'，又要能'仰望星空'，不是'先苦后甜'，不是'苦中有乐'，而是要在当下和未来都能感受幸福的滋味。从'脚踏实地'的角度，首先要解决辅导员的待遇问题，当前高校人事制度改革，新入职尤其是聘任制工作人员的待遇标准较低，薪酬待遇缺乏竞争力，难以吸引或稳固人才队伍；从'仰望'的角度，辅导员职称晋升的标准可以与工作内容结合得更加紧密，这样可以解决'行政工作要用科研量化'的难题。"（访谈对象：辅导员 LX）由此可见，绩效考核评价等因素对其认同感有着较大影响。

3. 学院因素

通过多元回归分析（见表 6-29），学院因素的沟通机制对职业认同及职业认同两个维度都产生重要影响，表明二级学院良好的沟通机制能有效提升辅导员职业认同，特别对于职业意志影响最大。团队环境对职业认同的影响非常有限，没有产生显著影响。学习成长对职业认同产生显著影响，对职业情感的影响最大，说明学习成长能增加辅导员岗位的情感。在学院因素中，团队环境如何有效提升职业认同值得研究，二级学院的学习成长对于提升辅导员职业意志还有提升空间。

表 6-29　学院因素对职业认同的影响

自变量	因变量		
	职业情感	职业意志	职业认同
团队环境	0.04^*	0.063	0.01
沟通机制	0.259^{***}	0.309^{***}	0.251^{***}
学习成长	0.156^{**}	0.109^*	0.160^{**}
F	54.939^{***}	51.867^{***}	61.263^{***}
R^2	0.135	0.128	0.148

注：* 表示 $p<0.05$，** 表示 $p<0.01$，*** 表示 $p<0.001$。

在访谈中，有辅导员就认为，辅导员工作本身就具有繁杂的特征，学院如果给辅导员安排过多辅导员职责之外的工作，会从一定程度上导致辅导员对工作产生倦怠，降低认同度。"辅导员队伍人员变动较大，有工作经验的辅导员稳定性没那么好，新辅导员缺乏职业归属感。相较于其他行政岗位，辅导员岗位工作内容较繁杂，工作时间相对较长，压力与挑战并存。随着时间的推移，辅导员本人对辅导员工作岗位由起初的热情逐渐转变产生职业倦怠。一部分辅导员中意转行政岗，对于辅导员队伍稳定性有一定的影响。"（访谈对象：辅导员 LS）

4. 个体因素

通过多元回归分析（见表 6-30），个体因素中职业培训对职业认同及职业认同两个维度都产生重要影响，这表明职业培训能有效提升辅导员职业认同，特别对于职业意志影响最大。理论学习对职业认同的影响非常有限，没有产生显著影响。职业培训主要是辅导员个体参加的系列培训，包括思想政治理论、专业技术（心理、职业生涯、危机干预）、网络应用、研究能力以及教学能力等方面的培训。在个体因素中，职业培训容易提升职业认同。如何将个体因素与学校因素有机结合，具有较大的提升空间。

表 6-30　个体因素对职业认同的影响

自变量	因变量		
	职业情感	职业意志	职业认同
理论学习	0.04^{*}	0.063	0.01
职业培训	0.259^{***}	0.309^{***}	0.251^{***}
F	54.939^{***}	51.867^{***}	61.263^{***}
R^2	0.135	0.128	0.148

注：* 表示 $p<0.05$，** 表示 $p<0.01$，*** 表示 $p<0.001$。

在调查中，我们也发现很多辅导员会倾向于认为当环境因素作为外部不可控的因素时，只有辅导员自身不断学习才能提高对岗位的认识和认同。例如，有辅导员在访谈中说："辅导员整体职称晋升进度较慢，这与辅导员普遍缺乏清晰的职业发展目标有关，大家长期沉浸在繁杂的工作中，难以在某一个或者某几个领域钻研深挖。我觉得是不少辅导员缺乏跟本岗位相关的必备素养，或经验不足。许多辅导员并不是思政、教育学、心理学等专业的，在把握育人基本原则和规律方面可能会有些欠缺。"（访谈对象：辅导员 LX）由于各自专业背景不一，从学院、学校角度看，设计一定的激励机制，保持辅导员队伍自身的学习动力，才能在实践中提升其职业认同感。

二、回归分析

图 6-15 显示，辅导员职业认同与学校因素、学院因素、个体因素在散点

分布上呈现较强的正相关性。通过进一步进行相关性检验，表 6-31 的结果显示，职业认同与学校因素的相关系数为 0.772，与学院因素的相关系数为 0.546，与个体因素的相关系数为 0.469，即学校因素、学院因素和个体因素与辅导员职业能力显著相关。

模型 1 和模型 2 的 VIF 值小于 3（介于 1.047—2.654 之间），不存在多重共线性问题；DW 为 2.029，样本不存在序列相关；通过正态性检验，符合回归分析条件。通过多元回归分析（见表 6-32），辅导员学历（β =-0.086**）对

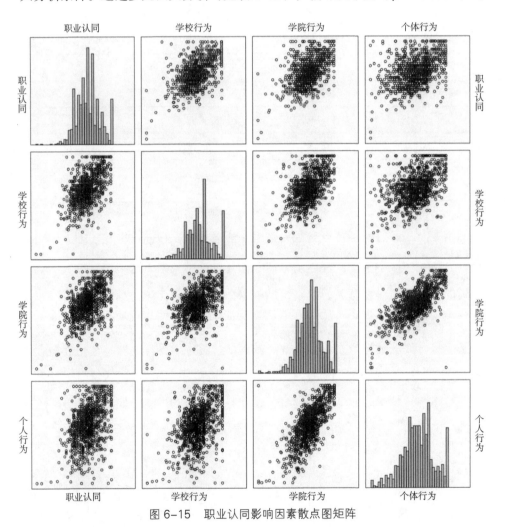

图 6-15　职业认同影响因素散点图矩阵

表 6-31　职业认同相关性检验

	职业认同	学校因素	学院因素	个体因素
皮尔逊系数	1	0.772**	0.546**	0.469**
sig（双尾）		0.000	0.000	0.000
个案数	1062	1062	1062	1062

注：* 表示 $p<0.05$，** 表示 $p<0.01$，*** 表示 $p<0.001$。

职业认同影响显著，也就是学历提升一个档次，职业认同下降 0.086。模型 1 的判定系数为 0.014，也就是性别、学历对职业认同的解释力为 1.4%。

在模型 2 中加入自变量学校因素、学院因素、个体因素，学院因素（$\beta =$

表 6-32　学校因素、学院因素、个体因素对辅导员职业认同的回归分析

自变量	因变量（模型 1）			因变量（模型 2）		
	职业认同	T 值	sig	职业认同	T 值	sig
（常量）		41.367	0.000		12.481	0.000
性别	−0.088**	−2.841	0.005	−0.028	−1.214	0.225
年龄	−0.056	−1.386	0.166	0.009	0.296	0.767
学历	−0.086**	−2.764	0.006	−0.095***	−4.184	0.000
时间	−0.006	−0.140	0.889	−0.009	−0.295	0.768
学校因素				0.025	0.693	0.489
学院因素				0.347***	8.969	0.000
个体因素				0.429***	14.254	0.000
Durbin−Watson				2.029		
F	4.703**		0.001	141.957***		0.000
R^2	0.017			0.485		
ΔR^2	0.014			0.482		

注：* 表示 $p<0.05$，** 表示 $p<0.01$，*** 表示 $p<0.001$。

0.347^{***})、个体因素（$\beta=0.429^{***}$）对职业认同影响显著，也就是学院因素每提升一个档次，辅导员职业认同就提高 0.347；个体因素提升一个档次，辅导员职业认同就提高 0.429，验证了假设 H2-2、假设 H3-2。除去个人背景变量中学历对职业认同产生显著影响外，其余个人背景变量对职业认同没有显著影响。模型 2 的矫正判断系数为 0.482，比模型 1 提升了 46.8 个百分点，这说明相对于个人背景变量而言，学院因素、个体因素对职业认同的解释力更大，达到 48.2% 的水平。

三、中介效应检验

（一）学校因素、职业认同对职业能力的回归分析

从图 6-16 中辅导员职业认同与职业能力散点图分布情况可以看到，职业认同与职业能力呈现显著的正相关关系。这表明了辅导员职业认同的提高对其职业能力发展具有促进作用。辅导员职业认同不仅是职业价值观的内化过程，也是辅导员职业素质的重要组成部分，具体反映在职业情感、职业意志等方

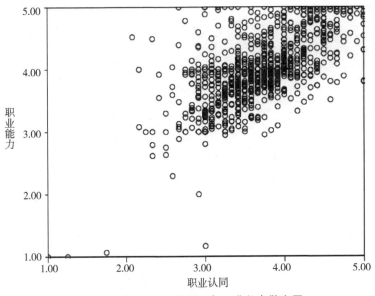

图 6-16 职业认同与职业能力散点图

面。辅导员职业认同度的提高，对辅导员工作积极性、实效性和创造性都起重要作用，在实践工作中，能有效提升辅导员职业能力。

模型 1 和模型 2 的 VIF 值小于 3（介于 1.047—1.776 之间），不存在多重共线性问题；DW 为 2.054，样本不存在序列相关；通过正态性检验，符合回归分析条件。通过多元回归分析（见表 6-33），担任辅导员时间（β =0.093*）对职业能力影响显著，也就是任职时间提升一个档次，职业能力提高 0.093。

模型 1 的判定系数为 0.015，也就是性别、担任辅导员时间对职业能力的解释力为 1.5%。在模型 2 中加入自变量职业认同，职业认同（β =0.707***）对职业能力影响显著，也就是职业认同每提升一个档次，辅导员职业能力就提高 0.707，验证了假设 H4。个人背景变量除任职时间对职业能力产生显著影响外，其余个人背景变量对职业能力没有显著影响。模型 2 的矫正判断系数为 0.508，比模型 1 提升了 49.3 个百分点，这说明相对于个人背景变量而言，职

表 6-33　职业认同对职业能力的回归分析

自变量	因变量（模型1）			因变量（模型2）		
	职业能力	T 值	sig	职业能力	T 值	sig
（常量）		43.653	0.000		12.573	0.000
性别	−0.092**	−2.952	0.003	−0.030	−1.355	0.176
年龄	−0.056	−1.378	0.169	−0.016	−0.562	0.575
学历	−0.056	−1.790	0.074	0.005	0.233	0.816
时间	0.093*	2.319	0.021	0.097*	3.419	0.001
职业认同				0.707***	32.530	0.000
Durbin-Watson				2.054		
F	5.039**		0.001	219.706***		0.000
R^2	0.019			0.510		
$\triangle R^2$	0.015			0.508		

注：* 表示 $p<0.05$，** 表示 $p<0.01$，*** 表示 <0.001。

业认同对职业能力的解释力更大，达到 50.8% 的水平。

以上分析表明，部分个人背景变量对中介变量、结果变量产生显著影响，但对职业能力的解释，比起学校因素、学院因素、个体因素、职业认同来说影响都非常小。因此，为进行深入研究和简化模型，在后续研究中，不再将个人背景变量放入控制变量。

以学校因素、学院因素、个体因素为自变量，职业认同为中介变量，辅导员职业能力为因变量。重点研究学校因素、学院因素、个体因素对职业能力的影响，职业认同作为中介变量是否具有中介作用。建立回归模型 1：学校因素、学院因素、个体因素对职业能力的回归；建立回归模型 2：加入职业认同对职业能力进行回归。

模型 1 和模型 2 的 VIF 值小于 3（介于 1.047—2.502 之间），不存在多重共线性问题；DW 为 2.050，样本不存在序列相关；通过正态性检验，符合回

表 6-34　学校因素、学院因素、个体因素、职业认同对职业能力的回归分析

自变量	因变量（模型 1）			因变量（模型 2）		
	职业能力	T 值	sig	职业能力	T 值	sig
（常量）		19.727	0.000		13.594	0.000
学校因素	0.188***	5.305	0.000	0.166***	5.288	0.000
学院因素	0.338***	8.672	0.000	0.170***	4.732	0.000
个体因素	0.540***	18.272	0.000	0.340***	11.798	0.000
职业认同				0.465***	16.961	0.000
Durbin-Watson						
F	313.070***		0.000	370.350***		0.000
R^2	0.470			0.584		
ΔR^2	0.469			0.582		

注：* 表示 $p<0.05$，** 表示 $p<0.01$，*** 表示 $p<0.001$。

归分析条件。通过多元回归分析（见表6-34），学校因素（$\beta=0.188^{***}$）、学院因素（$\beta=0.338^{***}$）、个体因素（$\beta=0.540^{***}$）对职业能力影响显著，也就是学校因素、学院因素、个体因素每提升一个档次，职业能力分别提高0.188、0.338、0.540。模型1的判定系数为0.469，也就是学校因素、学院因素、个体因素对职业能力的解释力为46.9%。

在模型2中，我们加入了自变量职业认同，学校因素、学院因素、个体因素回归系数均下降，但对职业能力影响仍然显著。职业认同（$\beta=0.465^{***}$）对职业能力影响显著，也就是职业认同每提升一个档次，辅导员职业能力就提高0.465。模型2的矫正判断系数为0.582，比模型1提升了11.3个百分点，这说明职业认同在学校因素、学院因素、个体因素对职业能力的影响过程中起到部分中介作用，验证了假设H1-3、假设H2-3、假设H3-3。

综合以上分析，本研究认为，影响辅导员职业认同与职业能力的因素很多，其机制也较为复杂。我们在实地调查中也发现，虽然辅导员对所做工作的内容繁杂有一定的抱怨，但是大部分辅导员能够较好地完成工作任务。在这些因素中，许多辅导员认为，不是工作压力等带来的认同感降低、倦怠感提升，而是许多政策并未得到很好的落实，导致公平性受到影响，才引发他们较强烈的离岗意愿。

（二）职业情感的中介效应检验

职业认同在学校因素、学院因素、个体因素对辅导员职业能力的影响中起部分中介作用，需要继续探讨职业认同的职业情感、职业意志两个维度的中介效应和影响机制。

通过多元回归分析（见表6-35），学校因素、学院因素、个体因素对职业能力产生显著影响，个体因素对辅导员职业能力影响最大，学校因素对辅导员职业能力影响最小。下面对中介变量职业认同的两个维度职业情感和职业意志进行检验。

表 6-35　职业能力的回归分析

	标准化回归系数	sig	R^2	adjusted R^2	F 值	T 值	D.W.
学校因素	0.188***	0.000				5.305	
学院因素	0.338***	0.000	0.470	0.469	313.070	8.672	2.009
个体因素	0.540***	0.000				18.272	

注：* 表示 $p<0.05$，** 表示 $p<0.01$，*** 表示 $p<0.001$。

按照学校因素、学院因素、个体因素对辅导员职业情感的回归，职业情感对职业能力的回归，学校因素、学院因素、个体因素、职业情感对辅导员职业能力的回归三个步骤检验职业情感的中介效应。

根据表 6-36、表 6-37、表 6-38 所示，中介变量职业情感进入回归方程后，学校因素、学院因素、个体因素对职业能力的影响都在下降，系数由

表 6-36　学校因素、学院因素、个体因素对职业情感的回归分析

	标准化回归系数	sig	R^2	adjusted R^2	F 值	T 值	D.W.
学校因素	0.157***	0.000				4.052	
学院因素	0.357***	0.000	0.361	0.359	199.070	8.346	1.992
个体因素	0.416***	0.000				12.816	

注：* 表示 $p<0.05$，** 表示 $p<0.01$，*** 表示 $p<0.001$。

表 6-37　职业情感对职业能力的回归

	标准化回归系数	sig	R^2	adjusted R^2	F 值	T 值	D.W.
职业情感	0.634***	0.000	0.402	0.401	712.092	26.685	1.992

注：* 表示 $p<0.05$，** 表示 $p<0.01$，*** 表示 $p<0.001$。

表 6-38　学校因素、学院因素、个体因素、职业情感对职业能力的回归分析

	标准化回归系数	sig	R^2	adjusted R^2	F 值	T 值	D.W.
学校因素	0.133***	0.000				4.027	
学院因素	0.213***	0.000	0.548	0.547	320.953	5.732	2.017
个体因素	0.395***	0.000				13.445	
职业情感	0.350***	0.000				13.528	

注：* 表示 $p<0.05$，** 表示 $p<0.01$，*** 表示 $p<0.001$。

0.157、0.357、0.416 分别下降为 0.133、0.213、0.395，因此职业情感在学校因素、学院因素、个体因素对职业能力的影响过程中起部分中介作用。

（三）职业意志的中介效应检验

按照学校因素、学院因素、个体因素对辅导员职业意志的回归，职业意志对职业能力的回归，学校因素、学院因素、个体因素、职业意志对辅导员职业能力的回归三个步骤检验职业意志的中介效应。

根据表 6-39、表 6-40、表 6-41 所示，中介变量职业意志进入回归方程后，学校因素、学院因素、个体因素对职业能力的影响都在下降，系数由 0.045、0.310、0.379 分别下降为 0.205、0.216、0.391，因此职业意志在学校因素、学院因素、个体因素对职业能力的影响过程中起部分中介作用。

表 6-39　学校因素、学院因素、个体因素对职业意志的回归分析

	标准化回归系数	sig	R^2	adjusted R^2	F 值	T 值	D.W.
学校因素	0.045	0.219				1.230	
学院因素	0.310***	0.000	0.435	0.433	271.249	7.697	1.946
个体因素	0.379***	0.000				12.412	

注：* 表示 $p<0.05$，** 表示 $p<0.01$，*** 表示 $p<0.001$。

表 6-40　职业意志对职业能力的回归分析

	标准化回归系数	sig	R^2	adjusted R^2	F 值	T 值	D.W.
职业意志	0.657***	0.000	0.432	0.432	806.597	28.401	2.054

注：* 表示 $p<0.05$，** 表示 $p<0.01$，*** 表示 $p<0.001$。

表 6-41　学校因素、学院因素、个体因素、职业意志对职业能力的回归分析

	标准化回归系数	sig	R^2	adjusted R^2	F 值	T 值	D.W.
学校因素	0.205***	0.000				6.348	
学院因素	0.216***	0.000	0.558	0.556	333.602	5.899	2.045
个体因素	0.391***	0.000				13.516	
职业意志	0.394***	0.000				14.485	

注：* 表示 $p<0.05$，** 表示 $p<0.01$，*** 表示 $p<0.001$。

从实践角度看，两类中介效应的分析结果，在研究的访谈中也得到了相应的回应。例如，某学校中层干部在访谈中认为："我觉得首先必须要解决好辅导员的身份认同问题，包括从经济上、职称晋升上、科研能力提升上、教学能力提升上，不要让辅导员沦落为校园的'高级保姆'和'救火队员'。任何一个从业者如果无法从他从事的职业中得到自我价值的实现，职业倦怠甚至厌恶就是不可避免的，甚至会引发严重的恶性事件。如果上述问题能够得到妥善解决，我相信辅导员岗位一定是一个让社会推崇、学生爱戴、从业者认可的工作岗位。"（访谈对象：某中层干部 SLX）这说明，我们在选取中介效应分析时，具有一定的实践证据支撑。

第三节　职业认同对职业能力的中介效应路径分析

上文通过回归分析探讨了学校因素、学院因素、个体因素、职业认同和辅导员职业能力之间的直接和间接关系，但回归分析不能对学校因素、学院因素、个体因素、职业认同和职业能力复杂的关系进行处理。

因此本研究采用 AMOS 22.0 对自变量学校因素、学院因素、个体因素，中介变量职业认同，因变量职业能力之间的直接效应和中介效应，采用结构方程模型拟合自变量、中介变量和因变量三者之间的关系，找出最佳解释模型。构建无中介模型（M1）、完全中介模型（M2）、部分中介模型（M3）三个模型，并比较三个模型，确定最优模型。M1 检验没有中介变量的间接作用，而是只有自变量对因变量的直接作用；M2 检验只通过中介变量的中介作用，没有自变量对因变量的直接作用；M3 检验既有自变量对因变量的直接作用，又有通过中介变量的中介作用。

一、无中介模型

（一）无中介模型（M1）构建

建立学校因素、学院因素、个体因素对辅导员职业能力的直接作用的模型，没有职业认同的中介作用。如图 6-17 所示，学校因素包括 A1"职业发展"、A2"能力培训"、A3"考核激励"三个指标；学院因素包括 B1"团队环境"、B2"沟通机制"、B3"学习成长"三个指标；个体因素包括 C1"理论学习"、C2"职业培训"两个维度；职业能力包括 H1"基础能力"、H2"专业能力"、H3"工作能力"三个指标。

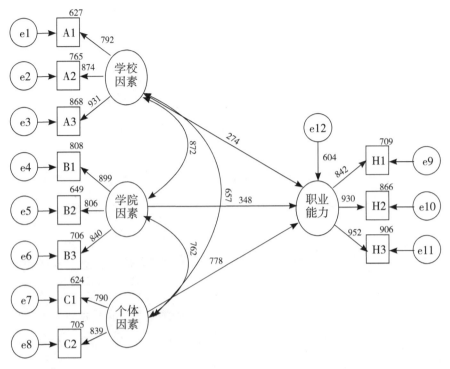

图 6-17　学校因素、学院因素、个体因素对辅导员职业能力的直接作用模型

（二）参数估计和拟合度评价

对学校因素、学院因素、个体因素对辅导员职业能力的直接作用模型进行分析，如表 6-42 所示，结果显示各项指标均符合要求。

表 6-42　M1 模型拟合度分析

模型	CMIN/df	GFI	RMR	RMSEA	AGFI	NFI	CFI	IFI
M1	13.525	0.919	0.026	0.109	0.859	0.949	0.952	0.952

（三）模型解释

如表 6-43 所示，模型 1 中学校因素、学院因素、个体因素对职业能力的直接作用路径系数：学校因素对职业能力的直接影响（$r=0.274$[***]），学院因素对职业能力的直接影响（$r=0.348$[***]），个体因素对职业能力的直接影响

（ $r=0.778^{***}$ ）。

表 6-43　无中介模型（M1）的路径系数

路径	标准化路径系数	T 值
学校因素 → 职业能力（H1-1）	0.274***	5.138
学院因素 → 职业能力（H2-1）	0.348**	3.182
个体因素 → 职业能力（H3-1）	0.778***	13.011

注：* 表示 $p<0.05$，** 表示 $p<0.01$，*** 表示 $p<0.001$。

二、完全中介模型

（一）完全中介模型（M2）构建

建立学校因素、学院因素、个体因素对辅导员职业能力的间接作用的模型，职业认同的完全中介作用。如图 6-18 所示，学校因素包括 A1 "职业发

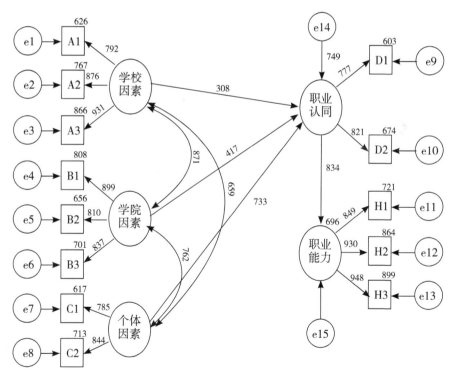

图 6-18　学校因素、学院因素、个体因素对辅导员职业能力的完全中介作用模型

展"、A2"能力培训"、A3"考核激励"三个指标；学院因素包括 B1"团队环境"、B2"沟通机制"、B3"学习成长"三个指标；个体因素包括 C1"理论学习"、C2"职业培训"两个维度；职业认同包括 D1"职业情感"、D2"职业意志"；职业能力包括 H1"基础能力"、H2"专业能力"、H3"工作能力"三个指标。

（二）参数估计和拟合度评价

分析学校因素、学院因素、个体因素对辅导员职业能力的间接作用模型，如表 6-44 所示，结果显示各项指标均符合要求。

表 6-44 M2 模型拟合度分析

模型	CMIN/df	GFI	RMR	RMSEA	AGFI	NFI	CFI	IFI
M2	11.571	0.907	0.027	0.10	0.854	0.943	0.947	0.929

（三）模型解释

如表 6-45 所示，模型 2 中学校因素、学院因素、个体因素对职业能力的间接作用路径系数：学校因素通过中介变量职业认同对职业能力的间接影响（路径系数 $r=0.308^{***} \times 0.834=0.257$），学院因素通过中介变量职业认同对职业能力的间接影响（路径系数 $r=0.417^{***} \times 0.834=0.348$），个体因素通过中介变量职业认同对职业能力的间接影响（路径系数 $r=0.733^{***} \times 0.834=0.611$）。

表 6-45 完全中介模型（M2）的路径系数

路径	标准化路径系数	T 值
学校因素 → 职业认同（H1-2）	0.308^{***}	4.596
学院因素 → 职业认同（H2-2）	0.417^{***}	4.911
个体因素 → 职业认同（H3-2）	0.733^{***}	12.370
职业认同 → 职业能力（H4）	0.834^{***}	23.625

注：* 表示 $p<0.05$，** 表示 $p<0.01$，*** 表示 $p<0.001$。

三、部分中介模型

（一）部分中介模型（M3）构建

建立学校因素、学院因素、个体因素对辅导员职业能力的直接作用、间接作用的模型，职业认同的部分中介作用。如图 6-19 所示，学校因素包括 A1"职业发展"、A2"能力培训"、A3"考核激励"三个指标；学院因素包括 B1"团队环境"、B2"沟通机制"、B3"学习成长"三个指标；个体因素包括 C1"理论学习"、C2"职业培训"两个维度；职业认同包括 D1"职业情感"、D2"职业意志"；职业能力包括 H1"基础能力"、H2"专业能力"、H3"工作能力"三个指标。

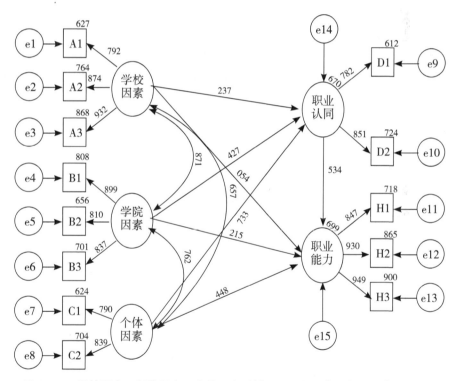

图 6-19　学校因素、学院因素、个体因素对辅导员职业能力的部分中介作用模型

（二）参数估计和拟合度评价

对学校因素、学院因素、个体因素对辅导员职业能力的直接作用、间接作

用模型进行分析，如表 6-46 所示，结果显示各项指标均符合要求。

表 6-46　M3 模型拟合度分析

模型	CMIN/df	GFI	RMR	RMSEA	AFGI	NFI	CFI	IFI
M3	11.172	0.917	0.025	0.098	0.862	0.947	0.952	0.952

（三）模型解释

表 6-47 列出了学校因素、学院因素、个体因素、职业认同对辅导员职业能力的路径系数、T 值及显著性水平，数据结果表明：①学校因素对职业认同提升有直接影响，路径系数为 0.237，达到显著性水平，假设 H1-2 成立；②学院因素对职业认同提升有直接影响，路径系数为 0.427，达到显著性水平，假设 H2-2 成立；③个体因素对职业认同提升有直接影响，路径系数为 0.613，达到显著性水平，假设 H3-2 成立；④职业认同对职业能力提升有直接影响，路径系数为 0.534，达到显著性水平，假设 H4 成立；⑤学校因素对职业能力提升有直接影响，路径系数为 0.054，达到显著性水平，假设 H1-1 成立；⑥学院因素对职业能力提升有直接影响，路径系数为 0.215，达到显著性

表 6-47　部分中介模型（M3）的路径系数

路径	标准化路径系数	T 值
学校因素 → 职业认同（H1-2）	0.237**	3.002
学院因素 → 职业认同（H2-2）	0.427***	4.747
个体因素 → 职业认同（H3-2）	0.613***	10.341
职业认同 → 职业能力（H4）	0.534***	8.950
学校因素 → 职业能力（H1-1）	0.054***	0.698
学院因素 → 职业能力（H2-1）	0.215**	3.893
个体因素 → 职业能力（H3-1）	0.448***	6.924

注：* 表示 $p<0.05$，** 表示 $p<0.01$，*** 表示 $p<0.001$。

水平，假设 H2-1 成立；⑦个体因素对职业认同提升有直接影响，路径系数为 0.448，达到显著性水平，假设 H3-1 成立；⑧学校因素、学院因素、个体因素对职业能力产生间接影响，学校因素、学院因素、个体因素通过职业认同对辅导员职业能力产生间接影响，路径系数分别为 $0.237 \times 0.534 = 0.127$、$0.427 \times 0.534 = 0.228$、$0.613 \times 0.534 = 0.327$，职业认同起到中介作用。

四、三类模型比较

从表 6-48 中各模型拟合的指标可以看出，模型 M3 拟合度优于模型 M2 和模型 M1，即学校因素、学院因素、个体因素对职业能力有直接作用，并通过职业认同产生间接作用。

表 6-48　模型拟合指标比较结果

模型	CMIN/df	GFI	RMR	RMSEA	AGFI	NFI	CFI	IFI
M1	13.525	0.919	0.026	0.109	0.859	0.949	0.952	0.952
M2	11.571	0.907	0.027	0.10	0.854	0.943	0.947	0.929
M3	11.172	0.917	0.025	0.098	0.862	0.947	0.952	0.952

综合以上模型分析，本研究认为职业认同在职业能力提升中起到较强的中介作用：当其他条件一致时，拥有较强职业认同的辅导员会在职业能力等方面表现得更加优异。其政策启示是，我们在落实辅导员政策、改善其待遇、对其进行培训的同时，还应特别关注辅导员对岗位认同度的提高。正如访谈时，某辅导员谈及的："我觉得辅导员的职业认同感有一个最基本的根源，就是大家对辅导员到底是干什么的不太清楚，甚至是辅导员自己都说不清楚，归根结底还是一个岗位职责和实际工作内容存在着比较大的差距。这就使得很多人都觉得队伍干的事情说不清楚、可有可无，认为这个岗位未来没有什么发展，也就影响了辅导员本身对于自己这个职业的认同，导致大家常常把转岗放在嘴边，

岗位认同感非常低。"（访谈对象：辅导员 CJD）

与此同时，模型结果还显示，外部环境和个人因素也会作用于辅导员的职业认同感。例如，个人对该岗位的认同本身就存在一定差异，结合外部环境因素的变化，这种认同感也会发生变化。有辅导员就在访谈中说："首先，辅导员的自我认同感很重要，自己要热爱这份职业，对这份职业有激情。其次，应该是提高社会对这个职业的认同。还有一些政策法规上的保护，或者是学校有一些明文规定或者规章制度来保护辅导员的自我认同。"（访谈对象：辅导员 LXY）

五、调节效应分析

不同地区的辅导员有着不同的薪酬，且薪酬差异较大，但高薪酬并不代表高薪酬满意度。薪酬满意度与当地经济发展水平、个体工作和生活压力、个体期望值密切相关。不同任职时间的辅导员都存在不同程度的离职倾向，离职倾向受到辅导员职业发展外部环境、个体职业规划、个体兴趣等综合因素影响。不同薪酬满意度和不同程度的离职倾向的辅导员，职业能力是否存在差异，是值得研究的重要内容。辅导员职业认同对职业能力有显著影响，在职业能力的形成中发挥重要作用。本研究将薪酬满意度和离职倾向作为考察因素，研究其在职业认同对辅导员职业能力影响中的调节效应。

（一）薪酬满意度的调节效应

1. 模型

着重研究职业认同、薪酬满意度与辅导员职业能力之间的关系，研究职业认同、薪酬满意度与辅导员职业能力之间的直接效应，以及薪酬满意度对职业认同与职业能力之间的关系的调节作用。主要研究职业认同、薪酬满意度与辅导员职业能力的相互影响关系和作用机制，研究模型如图 6-20 所示。

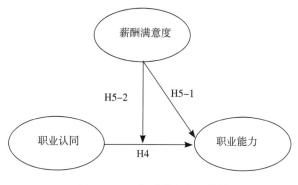

图 6-20　薪酬满意度调节模型

2. 数据结果

构建三个研究假设：

H4：职业认同与职业能力正相关。

H5-1：薪酬满意度与职业能力正相关。

H5-2：薪酬满意度在职业认同与职业能力之间起正向调节效应。

采用层级回归分析法考察职业认同和薪酬满意度对职业能力（基础能力、专业能力、工作能力）的影响，检验结果如表 6-49 所示。需要报告的信息有：第一，模型 1（M1）包括自变量（职业认同）和 4 个控制变量；第二，模型 2（M2）在模型 1 的基础上加入调节变量（薪酬满意度），模型 3（M3）在模型 2（M2）的基础上加入交互项；第三，模型 1（M1）主要研究不考虑调节变量干扰时，自变量对于因变量（职业能力）的影响，职业认同（$\beta =0.707$，$p<0.001$）对职业能力有显著正向影响，假设 H4 成立。模型 2（M2）中，薪酬满意度（$\beta =-0.010$）对职业能力无显著影响，假设 H5-1 不成立。

调节效应可通过两种方式进行检验，第一种是模型 2（M2）到模型 3（M3）时，F 值变化的显著性；第二种是模型 3（M3）中交互项的显著性。本研究以第二种方式分析调节效应。如表 6-49 所示，职业认同与薪酬满意度的交互项呈现出显著性（$\beta =0.395$，$p<0.05$）。这意味着职业认同对于职业能力影响时，调节变量（薪酬满意度）在不同水平时，影响幅度具有显著性差

表 6-49　职业认同、薪酬满意度对职业能力的影响

解释变量	职业能力		
	M1	M2	M3
控制变量			
（常量）	−0.078	−0.084	−0.105
性别	−0.062	−0.062	−0.054
年龄	−0.017	−0.017	−0.017
学历	0.010	0.013	0.015
时间	0.070**	0.071**	0.073***
自变量			
职业认同	0.707***	0.709***	0.559***
薪酬满意度		−0.010	−0.343*
交互效应			
职业认同 × 薪酬满意度			0.395*
ΔR^2	0.508	0.507	0.510
R^2	0.510	0.510	0.513
F 值	219.706***	182.982***	158.582***

注：* 表示 $p<0.05$，** 表示 $p<0.01$，*** 表示 $p<0.001$。

异，假设 H5-2 成立。

为进一步分析辅导员激励的调节作用趋势，分别用职业认同、薪酬满意度的平均数加减一个标准差的值代入回归模型并绘图。如图 6-21 所示，无论薪酬满意度程度是低或高，职业认同程度越高，职业能力效应越高；职业认同程度越低，职业能力效应越低。低职业认同时，低薪酬满意度的职业能力略高于高薪酬满意度的职业能力；高职业认同时，高薪酬满意度的职业能力略高于低薪酬满意度的职业能力。这表明薪酬满意度在职业能力中起调节作用。

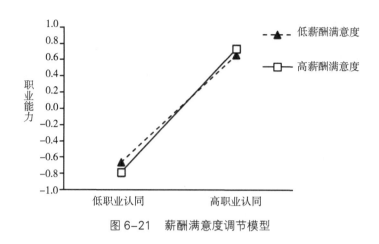

图 6-21　薪酬满意度调节模型

　　无论低薪酬满意度还是高薪酬满意度，辅导员职业能力差异不会太大，职业认同很低时，低薪酬满意度略高于高薪酬满意度辅导员，高薪酬满意度辅导员更安于现状，低薪酬满意度有改变自身状态的动机和动力。辅导员职业认同度高时，高薪酬满意度辅导员职业能力略高于低薪酬满意度辅导员，薪酬满意度高，幸福感更强，更有动力提升职业能力，但两者总体相差不大。因此辅导员职业认同非常重要，在招聘辅导员时，更看重职业认同，同时要做好辅导员职业认同的培养，薪酬满意度不是决定因素。

　　更进一步，辅导员的经济收入与其满意度之间的机制也需要进行一定的分析，前者是收入的绝对值，后者与分配是否公平等因素有关。例如，在访谈中，很多被访谈对象还是强调薪酬高低的重要性。如某学工部中层干部认为："虽然我们经常说辅导员的工作是良心活，要热爱，要有情怀和使命感，但目前的人事制度导致的聘用制辅导员待遇偏低已经严重影响到了辅导员的职业认同感，非常不利于辅导员队伍的团队建设。其次是单位内部的协同机制，曾经看到一幅漫画，画中辅导员在坑里挖煤，外面站着一圈人代表着学校不同部门，都只是眼睁睁地看着，没有一人前去协助或提供支持。希望学校能着眼于大学工作'一盘棋'，学生工作不只是辅导员一支队伍的工作，需要全校各部门的协作和统筹。"（访谈对象：某学工部中层干部 SLX）还有辅导员谈到：

"高校去编制后，辅导员工资低，同工不同酬，严重影响队伍的主动性和积极性。"（访谈对象：辅导员 WWH）

（二）离职倾向的调节效应

1. 模型

着重研究职业认同、离职倾向与辅导员职业能力之间的关系，研究职业认同、离职倾向与辅导员职业能力之间的直接效应，以及离职倾向对职业认同与职业能力之间的关系的调节作用。主要研究职业认同、离职倾向与辅导员职业能力的相互影响关系和作用机制，研究模型如图 6-22 所示。

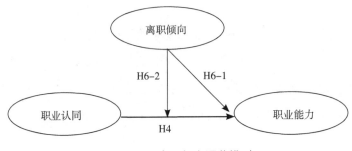

图 6-22　离职倾向调节模型

2. 数据结果

构建三个研究假设：

H4：职业认同与职业能力正相关。

H6-1：离职倾向与职业能力正相关。

H6-2：离职倾向在职业认同与职业能力之间起正向调节效应。

采用层级回归分析法考察职业认同和离职倾向对职业能力（基础能力、专业能力、工作能力）的影响，检验结果如表 6-50 所示。模型 1（M1）中包括自变量（职业认同），以及性别、年龄、学历、时间等 4 个控制变量；模型 2（M2）在模型 1 的基础上加入调节变量（离职倾向）；模型 3（M3）在模型 2（M2）的基础上加入交互项（自变量与调节变量的乘积项）。模型 1（M1）主要研究不考虑调节变量（离职倾向）干扰时，自变量（职业认同）对于因变

表 6-50　职业认同、离职倾向对职业能力的影响

解释变量	职业能力		
	M1	M2	M3
控制变量			
（常量）	−0.078	−0.054	−0.054
性别	−0.062	−0.061	−0.062
年龄	−0.017	−0.010	−0.007
学历	0.010	−0.015	−0.013
时间	0.070**	0.072***	0.069*
自变量			
职业认同	0.707***	0.732***	0.811***
离职倾向		0.082***	0.029*
交互效应			
职业认同 × 离职倾向			−0.199*
ΔR^2	0.508	0.513	0.513
R^2	0.510	0.516	0.517
F 值	219.706***	187.180***	160.958***

注：* 表示 $p<0.05$，** 表示 $p<0.01$，*** 表示 $p<0.001$。

量（职业能力）的影响，职业认同（$\beta =0.707$，$p<0.001$）对职业能力有显著正向影响，假设 H4 成立。模型 2（M2）中，离职倾向（$\beta =0.082$，$p<0.001$）对职业能力有显著影响，假设 H6-1 成立。

调节效应可通过两种方式进行检验，第一种是模型 2（M2）到模型 3（M3）时，F 值变化的显著性；第二种是模型 3（M3）中交互项的显著性。本研究以第二种方式分析调节效应。如表 6-50 所示，职业认同与离职倾向的交互项呈现出显著性（$\beta =-0.199$，$p<0.05$）。这意味着职业认同对于职业能力影响时，调节变量（离职倾向）在不同水平时，影响幅度具有显著性差异，

假设 H6-2 成立。

为进一步分析辅导员激励的调节作用趋势，根据 Cohen 等的做法，分别用职业认同、离职倾向的平均数加减一个标准差的值代入回归模型并绘图。如图 6-23 所示，低职业认同时，低离职倾向职业能力低于高职业倾向；随着职业认同的增加，低离职倾向和高离职倾向的职业能力越来越接近；直到高职业认同时，低离职倾向和高离职倾向的职业能力接近。这表明离职倾向在职业能力中起调节作用。

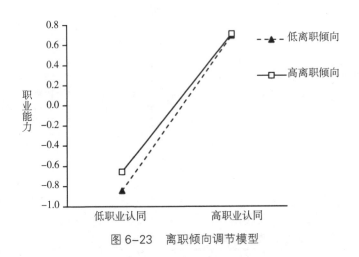

图 6-23　离职倾向调节模型

无论低离职倾向还是高离职倾向，辅导员职业能力差异不会太大，职业认同很低时，高离职倾向辅导员职业能力略高于低离职倾向辅导员，高离职倾向辅导员有改变自身现状的动机和动力，不断提升自我职业能力，以便能胜任其他工作。辅导员职业认同度高时，高离职倾向和低离职倾向辅导员职业能力总体相差不大。因此职业认同非常重要，在招聘时，更看重职业认同，同时要注重对辅导员职业认同的培养，离职倾向不是决定因素。

与此同时，在我们的调查与访谈中，也可以发现，许多辅导员认为由于诸多因素影响，辅导员的离职意愿还是比较强烈，容易在到达一定年限前就产生离岗的行动。例如，"一个是辅导员职业的自我认同不高，在一线的辅导员，事务性工作比较多，工作时间长，劳心劳力，职责边界又很模糊，只要是跟学生相关的都认为是辅导员的事儿，所以职业倦怠比较严重，干着干着就想转岗。另一个是制度建设的问题，辅导员职业晋升缺乏通道，除了职称单列，很多干的时间比较久的辅导员，也没有什么晋升机会，这对辅导员职业化、专业化发展是有影响的。"（访谈对象：辅导员 XLJ）

本章进一步探讨学校因素、学院因素和个人因素对辅导员职业认同和职业能力的影响作用机制。本研究以学校因素、学院因素和个体因素为自变量，以职业认同为中介变量，以职业能力为结果变量，通过多元回归分析和结构方程模型路径分析探讨了各变量之间的相互关系，分析了自变量对因变量影响作用的程度，验证了中介变量发生的中介作用的机制。主要结论如下：

①各变量之间具有显著相关性，但回归结果显示个人背景变量的影响相对较小。基准模型分析结果显示，学校因素、学院因素、个体因素对辅导员职业认同的影响显著；个人背景变量除学历对职业认同产生显著影响外，其余个人背景变量对职业认同没有显著影响；职业认同对职业能力影响显著；职业认同在学校因素、学院因素、个体因素对职业能力的影响过程中起到部分中介作用。

②辅导员职业认同在学校因素和职业能力中发挥部分中介作用。从职业认同的两个维度来看，职业意志对职业能力的影响更大；对于职业能力三个维度来说，对基础能力影响最大，其次为工作能力、专业能力；加入职业认同为中介变量前后，辅导员职业能力提升 11.3 个百分点，职业认同发挥部分中介作用。

③薪酬满意度在职业认同和职业能力中发挥调节作用。职业认同与薪酬满意度的交互项呈现出显著性，当薪酬满意度作为调节变量处于不同水平时，职业认同对于辅导员职业能力的影响幅度具有显著性差异。

④离职倾向在职业认同和职业能力中发挥调节作用。职业认同与离职倾向的交互项呈现出显著性，当离职倾向作为调节变量处于不同水平时，职业认同

对于职业能力的影响幅度具有显著性差异。

最后，依据本章的研究结论，认为辅导员职业认同对职业能力发展具有重要的中介作用，需要不断地改善职业认同才能激发辅导员自身的发展动力。这一结论的现实启示，正如某辅导员在访谈中提及的："认同的因素也是要从社会、学校、自身、学生四个维度来考虑。首先，社会要不断地出台支持辅导员队伍的系列文件，提升辅导员收入待遇，提升辅导员在学校中的工作地位。其次，学校对上级关于辅导员的各类文件要实施落地，并制定学校的办法。比如成立名辅导员工作室，通过工作室给辅导员加大经费投入的力度，让辅导员在自己感兴趣的领域和空间里不断地成长和发展。他一旦有所收获、有所建树，自然而然对这个岗位会有很大的认同。再次，辅导员自身职业发展策略，策略想得好、做得好，对这个岗位才会有认同，才能知道自己五年、十年、二十年之后想要的是什么，想要干什么。如果把这个职业发展策略想清楚了，那么就会对这个岗位有更大的一个认同感。"（访谈对象：辅导员 XFF）

第七章

研究结论与对策建议

从辅导员职业能力影响因素探讨如何有效提升辅导员职业能力是本研究的主要目标，深刻理解辅导员的职业能力构成，同时通过影响因素的研究为学校精准实施辅导员队伍建设、优化政策支持和环境保障提供参考和依据。本章将在前面研究结果的基础上进行归纳和总结，探究深层次原因，并提出对策建议。

第一节　研究结论

本研究以广东省等 7 省（自治区）15 个高职院校的问卷调查数据为基础，采用实证研究方法，通过单因素方差分析、多元线性回归分析、结构方程模型等方法对研究假设进行检验，围绕国家政策、学校因素、学院因素、个体因素、职业认同、职业能力六个方面，探讨了辅导员职业能力构成、影响因素以及职业认同的中介作用。辅导员职业能力的影响因素很多，考虑到可测量性以及与公共政策可干预性等因素，本研究将影响因素限定在学校内部，重点考察学校因素与辅导员职业能力之间的内在复杂关系，主要的结论是相关政策落实程度与辅导员职业发展情况呈正比、学校因素显著影响辅导员职业发展、学院因素对辅导员职业发展产生影响、个体背景因素影响辅导员职业发展，以及其他结论，具体如下。

一、辅导员政策的有效落实能促进辅导员职业能力提升

国家自 2013 年以来先后发布《中共教育部党组关于印发〈普通高等学校辅导员培训规划（2013—2017 年）〉的通知》《高等学校辅导员职业能力标准（暂行）》《关于加强和改进新形势下高校思想政治工作的意见》《普通高等学校辅导员队伍建设规定》等文件，推动辅导员职业化、专业化、专家化建设。例如，按师生比不低于 1∶200 的比例设岗；落实专职辅导员职务"双线"晋升；专职辅导员专业技术职务（职称）评聘单列计划、单设标准、单独评审；专设一定比例的正高级专业技术岗位；按规定签订聘用合同，不得用劳务派遣、人事代理等方式聘用辅导员；组织开展在职攻读硕士博士学位等专项计划；辅导员承担思想政治理论课等相关课程的教学工作；等等。

"学校会根据辅导员的实际表现和工作年限确定相应行政级别，并享受同级待遇""学校辅导员职称评审参照教师岗位，单列计划、单设指标、单独评审""辅导员在职攻读硕士或博士学位可以脱产半年以上或提供学费资助""学校辅导员职称评审会考虑实际工作表现，而不是唯科研论"等辅导员队伍建设国家政策在高校实施情况对辅导员职业认同、职业能力产生显著影响。对高校落实辅导员队伍建设国家政策表示"比较符合"和"非常符合"的辅导员职业认同、职业能力显著高于表示其他落实程度的高校辅导员，对高校落实辅导员队伍建设国家政策表示"非常符合"的辅导员职业认同、职业能力显著高于表示"比较符合"的辅导员，这说明高校落实辅导员队伍建设国家政策越好，辅导员职业认同、职业能力越是较高。总体上，辅导员职业认同、职业能力随着落实辅导员队伍建设国家政策程度的提升而增高。

二、学校因素影响辅导员职业能力提升

学校因素包括职业发展、能力培训、考核激励三个维度，职业发展主要

考察学校为辅导员提供的职业发展机会和平台；能力培训主要考察学校为辅导员提供的心理咨询、危机干预、生涯规划等专业能力培训；考核激励主要考察学校评估辅导员工作业绩及给予的激励措施。在对学校因素三个维度进行比较时，能力培训的平均值为3.693，明显高于职业发展平均值3.207。职业认同方面：职业发展对职业认同的影响非常有限，没有产生显著影响；能力培训对辅导员职业认同及职业认同两个维度职业情感、职业意志都产生重要影响；考核激励对职业认同产生显著影响，对职业情感影响最大。职业能力方面：职业发展对职业能力的影响非常有限，没有产生显著影响；能力培训对职业能力及职业能力三个维度都产生重要影响，特别对于专业能力影响最大；考核激励对职业能力产生显著影响，对工作能力影响最大。在学校因素中，职业发展无论对辅导员职业认同，还是辅导员职业能力，影响都很有限。通过多元线性回归分析检验，学校因素每提升一个档次，辅导员职业认同就提高0.025，辅导员职业能力就提高0.152，并在$p<0.001$的水平上达到显著。

三、学院因素是辅导员职业能力提升的重要一环

学院因素包括团队环境、沟通机制、学习成长三个维度，团队环境主要考察二级学院为辅导员提供的良好的同事关系、上下级关系、公平公正的软环境；沟通机制主要考察二级学院为辅导员提供的有效沟通、分工合作的合作机制；学习成长主要考察二级学院为辅导员成长提供的学习平台和机会。在对学院因素三个维度进行比较时，沟通机制的平均值为4.069，明显高于学习成长的平均值3.425。

职业认同方面：团队环境对职业认同的影响非常有限，没有产生显著影响；沟通机制对职业情感及职业意志两个维度都产生重要影响；学习成长对职业认同产生显著影响，对职业情感影响最大。职业能力方面：团队环境对职业能力的影响非常有限，没有产生显著影响；沟通机制对职业能力及职业能力三个维度都产生重要影响；学习成长对职业能力产生显著影响，对工作能力影响最

大。通过多元线性回归分析检验，学院因素每提升一个档次，辅导员职业认同就提高 0.347，辅导员职业能力就提高 0.333，并在 $p<0.001$ 的水平上达到显著。

四、个体因素显著影响辅导员职业能力提升

个体因素包括理论学习、职业培训两个维度。理论学习主要考察辅导员对于思想政治教育工作进行的理论学习和课题研究；职业培训主要考察辅导员为提升自身职业能力而主动参与的专业培训。在对个体因素两个维度进行比较时，职业培训的平均值为 3.831，略高于理论学习的平均值 3.713。职业认同方面：理论学习对职业认同的影响非常有限，没有产生显著影响；职业培训对职业认同及职业认同两个维度都产生重要影响，特别对于职业意志影响最大。职业能力方面：理论学习、职业培训都对职业能力及职业能力三个维度都产生重要影响；理论学习对职业能力的影响更大，对于职业能力三个维度来说，对工作能力的影响最大，其次为专业能力、基础能力；职业培训对基础能力的影响最大，其次为工作能力、专业能力。通过多元线性回归分析检验，个体因素提升一个档次，辅导员职业认同提高 0.429，辅导员职业能力提高 0.521，并在 $p<0.001$ 的水平上达到显著。

1. 职业认同方面

不同性别、学历、毕业院校、专业、用工方式、所带学生数、职称、薪酬满意度和不同地区的辅导员在职业认同方面存在显著差异。从职业情感、职业意志、整体职业认同平均水平看，男辅导员显著高于女辅导员；理工科专业辅导员显著高于思想政治教育、教育学、心理学等相关专业以及文科其他专业辅导员；高级职称、初级职称和无职称辅导员显著高于中级职称辅导员；西部地区高职院校辅导员显著高于东部地区高职院校辅导员。从职业意志、整体职业认同平均水平看，本科学历辅导员显著高于硕士学历辅导员。从职业情感、整体职业认同平均水平看，毕业于国外高校的辅导员显著高于其他辅导员。从职业意志和整体职业认同平均水平来看，所带学生 200 人以下、200—300 人辅

导员显著高于所带学生 300—400 人辅导员；所带学生 200 人以上，总体上职业情感平均水平高于职业意志平均水平；所带学生 200 人以下，总体上职业情感平均水平低于职业意志平均水平。从整体职业认同平均水平看，外聘辅导员显著高于事业编制等其他用工方式辅导员。

2. 职业能力方面

不同性别、学历、专业、职业资格、是否有孩子、用工方式、工作年限、所带学生数、职务、职称和不同地区的辅导员在职业能力方面存在显著差异。基础能力、专业能力、工作能力和整体职业能力平均水平，男辅导员显著高于女辅导员；本科学历辅导员显著高于硕士学历辅导员；理工科专业辅导员显著高于学生工作相关专业和文科其他专业辅导员，思想政治教育、教育学、心理学、社会学等对口专业辅导员职业能力最低；外聘辅导员显著高于事业编制等其他聘用方式辅导员；担任学工办主任、分团委书记、学生党支部书记等职务的辅导员显著高于未担任任何职务的辅导员；西部地区高职院校辅导员显著高于中部地区、东部地区高职院校辅导员。从专业能力、工作能力和总体职业能力平均水平看，获得心理咨询师等职业资格的辅导员显著高于未获得学生工作相关职业资格的辅导员；有孩子的辅导员职业能力显著高于无孩子的辅导员。

从任职时间看：基础能力平均水平，任职 10 年以上的辅导员显著高于其他年限辅导员。专业能力水平，任职 6—10 年、10 年以上辅导员显著高于 1—3 年和 1 年以下辅导员。工作能力水平，任职 10 年以上辅导员显著高于 1 年以下、1—3 年、3—6 年工作年限辅导员；任职 6—10 年辅导员显著高于 1 年以下、1—3 年辅导员。整体职业能力水平，任职 10 年以上辅导员显著高于 1 年以下、1—3 年、3—6 年工作年限辅导员。任职 10 年以上辅导员基础能力、专业能力、工作能力都比较高，6—10 年是辅导员成长的一个重要转折点，辅导员需要经过 5 年的职业成长，才能逐步走向成熟。

从所带学生数看：所带学生 200—300 人辅导员专业能力显著高于 200 人及以下、300—400 人辅导员；所带学生 200 人及以下显著高于所带学生 300—

400 人辅导员。从职业能力各维度平均水平来看，所带学生 400 人以上的辅导员专业能力高于工作能力；所带学生 400 人以下的辅导员，工作能力高于专业能力。基础能力、专业能力、工作能力和整体职业能力水平，无论高级职称还是没有职称，对职业能力没有产生显著差异。

五、增强职业认同能有效提升辅导员职业能力

职业认同包括职业情感、职业意志两个维度。职业情感主要考察辅导员对辅导员岗位的热情和喜爱程度；职业意志主要考察辅导员在辅导员岗位积极克服职业困难，应对挫折和职业倦怠。职业情感、职业意志对职业能力及职业能力三个维度都产生重要影响。职业认同两个维度中职业意志对职业能力的影响更大，对于职业能力三个维度来说，对基础能力的影响最大，其次为工作能力、专业能力。职业情感对基础能力的影响最大，其次为工作能力、专业能力。

职业认同每提升一个档次，辅导员职业能力就提高 0.707。通过多元线性回归分析检验，以学校因素、学院因素、个体因素为自变量，辅导员职业能力为因变量，加入职业认同为中介变量前后，辅导员职业能力提升 11.3 个百分点。学校因素、学院因素、个体因素对职业能力的直接和间接作用路径系数：学校因素对职业能力的直接影响系数 $r=0.236$，间接影响系数 $r=-0.215 \times 0.534$；学院因素对职业能力的直接影响系数 $r=0.054$，间接影响系数 $r=0.427^{***} \times 0.534$；个体因素对职业能力的直接影响系数 $r=0.448$，间接影响系数 $r=0.613^{***} \times 0.534$。

此外，本研究采用层级分析法，将薪酬满意度和离职倾向作为考察因素，研究其在职业认同对辅导员职业能力影响中的调节效应，得到的结果如下：

1. 薪酬满意度存在调节效应

职业认同与薪酬满意度的交互项呈现出显著性（$\beta=0.395$，$p<0.05$），职业认同对于职业能力影响时，薪酬满意度作为调节变量在不同水平时，影响幅度具有显著性差异。无论薪酬满意度是低还是高，职业认同程度越高，职业能

力效应越高；职业认同程度越低，职业能力效应越低。低职业认同时，低薪酬满意度的辅导员职业能力略高于高薪酬满意度辅导员；高职业认同时，高薪酬满意度的辅导员职业能力略高于低薪酬满意度的辅导员。无论低薪酬满意度还是高薪酬满意度，职业能力差异不会太大。

2. 离职倾向存在调节效应

职业认同与离职倾向的交互项呈现出显著性（β =-0.199，$p<0.05$）。职业认同对于职业能力影响时，调节变量（离职倾向）在不同水平时，影响幅度具有显著性差异。低职业认同时，低离职倾向的辅导员职业能力低于高离职倾向辅导员，随着职业认同的增加，低离职倾向和高离职倾向的辅导员职业能力越来越接近。直到高职业认同时，低离职倾向和高离职倾向的辅导员职业能力接近。离职倾向在辅导员职业能力中起调节作用。职业认同度高时，高离职倾向和低离职倾向辅导员职业能力总体相差不大。

第二节　对策建议

辅导员是开展大学生思想政治教育的主要组织者和实施者，不仅对学生身心健康发展和社会主义信念形成产生重要影响，而且关系到辅导员队伍自身的专业发展和成长、高校的和谐稳定发展。根据数据分析，不同性别、学历、专业背景的辅导员职业能力有显著差异；获得职业资格认证、所带学生越少的辅导员获得的职业能力评价会更高；5—10 年辅导员处于职业倦怠期。因此采取具体的针对性措施，提升辅导员个体职业能力，对于辅导员队伍建设和人才培养具有积极长远的意义。

一、提高辅导员政策实施有效性

1.加强辅导员建设国家政策制定的精准性

为加强辅导员队伍建设，国家在不同阶段制定了不同的政策和制度，整体上国家制度在辅导员队伍建设中发挥着重要作用，指导各高校有效开展辅导员队伍建设，提升辅导员职业能力，推动辅导员职业化、专业化、专家化建设。但国家制定的辅导员队伍建设政策和制度，还不能精准地与辅导员的现状充分融合，特别是《高等学校辅导员职业能力标准（暂行）》的出台，为各高校推动辅导员职业化、专业化、专家化建设提供政策依据。然而，各高校在执行辅导员职业能力标准时，发现辅导员职业能力标准体系过于复杂和严格，辅导员职业能力的分类层级的渐进式发展模式缺乏对不同地区、不同高校差异化的考量，辅导员职业能力标准缺乏具体的广度和深度，导致可行性和操作性都与现实情况产生偏移。

因此，需要对辅导员职业能力标准进行有效的改进和完善，提高辅导员队伍建设落实国家政策的有效性。第一，要明确辅导员的角色定位和核心作用，各高校要按照辅导员职业能力标准要求，确定辅导员的职业角色，使其摆脱繁杂的事务性工作，将工作重点放到思想政治教育工作中来，发挥育人的核心作用；第二，要按照初级、中级、高级三个职业能力层级要求落实辅导员培训和职称评聘政策，按照辅导员职业能力标准推动课程和教材建设，依托辅导员职业能力标准推进辅导员职称评审；第三，要根据辅导员职业能力标准建立准入标准、评价体系、绩效评估体系，以辅导员职业能力标准开展辅导员招聘、工作过程评价和结果评价、工作效果评价等工作。

2.加强辅导员国家政策落实的监督和评估

根据数据统计，25.61%的辅导员没有任何教学任务；5.56%的辅导员属于劳务派遣和人事代理；高达88.23%的辅导员无任何级别；仅有0.2%的辅导员获聘正高级专业技术岗位；3年以下学生工作经历的辅导员高达50.94%；仅有35.5%的辅导员所带学生数为200人及以下；仅有48%的辅导员表示"学校辅导员职称评审会考虑实际工作表现，而不是唯科研论"；仅有 56.1% 的辅导员表示"学校辅导员职称评审参照教师岗位，单列计划、单设标准、单独评审"；仅有 34.2% 的辅导员表示"辅导员在职攻读硕士或博士可以脱产半年以上或提供学费资助"。

尽管国家从顶层设计制定了很多辅导员队伍职业化、专业化、专家化建设的各类制度和政策，各级政府也同步制定了各类辅导员队伍建设的配套制度。辅导员队伍建设的发展是一个长期过程，不太可能短时间出成果、出成效，需要沉淀和积累。而辅导员队伍建设对学校的整体发展没有产生直接作用，高校出于学校发展战略、学科发展和师资队伍建设等多方面考虑，容易忽略辅导员队伍的整体建设和发展，或者不是第一优先考虑要素，导致辅导员队伍建设国家各类政策制度在学校的落地实施不全面、不彻底、不符合实际。通过单因素方差分析，发现国家政策的有效实施，对于辅导员职业认同、职业能力产生显著影响，高校越是落实国家政策和制度，辅导员职业认同和职业能力就更高。因此，要努力破解辅导员队伍建设国家政策制定和高校有效实施之间的矛盾，要从国家层面作出监督和评估的制度安排。

第一，要从国家层面建立辅导员队伍建设监督机制。要从国家层面对辅导员队伍建设国家政策和制度在高校的实施建立有效监督机制，对未有效实施国家政策和制度的高校实行预警和整改措施。第二，要从国家层面建立辅导员队伍建设评估机制。要从国家层面对辅导员队伍建设国家政策和制度在高校的实施建立有效评估机制，对辅导员队伍建设实施过程评估和结果评估，按照维度指标和结果有效性建立辅导员队伍建设评价体系。第三，要从国家层面建立辅导员队伍建设激励机制。要从国家层面对落实辅导员队伍建设国家政策较好的高校实施奖励制度，在辅导员培优、课题申报、学生工作项目申报等方面给予倾斜和支持。第四，要从国家层面建立辅导员队伍建设高职院校和普通院校融合发展制度。要从国家层面建立高职院校和普通高校并存的辅导员发展制度，根据高职院校和普通高校学生发展和教育特点，制定不同的辅导员队伍建设政策和制度，推动辅导员队伍建设的针对性和有效性。

二、提高辅导员人职匹配度

1. 重视辅导员的科学招聘

辅导员选聘应当坚持公开、公平、公正的基本原则，采取组织推荐与公开招聘相结合的方式进行选聘。辅导员招聘需要更注重学生干部、社团和志愿服务经历，而不是唯学历论；重视应聘人员的职业技能、职业认同、道德素养等特征，将真正热爱大学生思想政治教育事业的人吸纳到辅导员队伍中；对于有思想政治教育、心理学、教育学等相关专业背景的应聘者要适度倾斜；适度招聘与学科专业相一致的辅导员，实施思想政治教育与学科专业指导有效融合，也可以对具有辅导员实践经验背景和行政管理经历的应聘人员给予适度倾斜，但比例均不宜过高，要保持辅导员队伍的稳定性，坚持辅导员职业化、专业化、专家化的发展路径。

2. 重视辅导员的师生比配置

数据显示，辅导员所带学生在 200 人以下，较 200—350 人和 350 人以上的优秀率都高，可见随着所带学生数增加，优秀率也随之降低。这是因为随着高职院校辅导员队伍建设失衡，高职院校辅导员需要承担更多的学院行政工作、应急处理工作，给学生提供思想道德教育服务和心理健康辅导，工作强度大、服务质量低。而聘用缺乏专业技能和素养的兼职辅导员并没有改善实际情况。因此，需要严格落实中央政策要求，按照教育部不低于 1∶200 的师生比标准配备专职辅导员，切实保证专职辅导员配备。同时，加大专职辅导员的招聘培养力度，如根据学院实际情况，选聘具有从事辅导员工作的在读研究生到辅导员队伍中，扩大具有相关能力和资质的辅导员队伍规模，适度降低兼职辅导员的比例，促进辅导员队伍健康、稳定地发展。

3. 重视辅导员性别的职业互补性

不同性别的辅导员在工作中各自都有特点，学校要注重男、女辅导的职业互补性，在招聘辅导员的过程中，男、女辅导员保持合理的比例。对男性辅导员，高校要加强沟通技能、心理咨询与就业指导技能的培训。同时，高校要注重对于女辅导员的支持和指导，增强职业生涯规划指导，加强专业能力培训，特别是利用心理咨询、职业生涯规划、危机干预等专业技能开展思想政治教育工作的能力。此外，要在生活上给予女辅导员更多关心，如举行 0—3 岁婴幼儿帮助计划、家庭长者扶持计划等活动，为女性辅导员提供专业咨询和支持，帮助解决生活中的困难，使其能把更多时间、精力投入到学生工作，有效提升自我效能感，帮助女辅导员更好地适应辅导员岗位，提升人职匹配度。

4. 重视提升辅导员的专业延展性

无论辅导员的职业认同还是职业能力，思想政治教育、心理学、教育学等相关专业辅导员都显著低于其他文科专业、理工科专业辅导员。思想政治教育、教育学、心理学等相关专业辅导员，也就是专业对口的辅导员，从大学到研究生阶段都是学习本专业，容易较早出现职业倦怠。而理工科专业辅导员在高校担任辅导员工作，学生工作不仅扩充了理工科专业辅导员的知识背景和理论体系，更容易以理性思维去接触新事物。因此，要发挥相关专业辅导员的专业作用，学校层面要制订不同专业的成长计划。加强学生工作相关专业辅导员的实践指导，提升相关专业辅导员对工作的适应性，提高人职匹配度；加强其他文科和理工科专业辅导员的理论指导，不断提升辅导员的专业素养，同时促进不同专业辅导员融合成长。

三、拓宽辅导员职业发展通道

1. 重视辅导员的用工机制

聘用（雇员）辅导员与职员辅导员在整体优秀率方面相差不大，个别方面甚至超过职员辅导员，聘用（雇员）辅导员在薪酬和职业发展方面都远不如职员辅导员。二元制用工不符合现代人力资源管理的要求，结束二元制用工是未来的一个趋势，学校要制定措施，积极改善聘用（雇员）辅导员薪酬待遇和职业发展通道，实行同工同酬，有序进行身份角色转变，同时在身份上实施无差异对待，提升辅导员队伍整体的工作积极性。

2.重视辅导员考核评估体系的科学构建

教育部制定了详细的辅导员职业能力标准，但在实际操作中并没有有效实施辅导员职业能力标准，因此获得高级职称的辅导员在实际工作中发挥的影响和示范作用并不显著；同时，高校也正在逐步实施去编制化改革，在考核中实施有效评估和能上能下的相关政策。因此，对于辅导员工作评价要优化评价体系，以工作实效评价为主。坚持过程评价与结果评价相结合；坚持学生评价与教师评价、量化评价与主观评价相结合；建立信息化评价机制，实行辅导员工作表现的全过程采集；建立辅导员淘汰机制，对职业认同低、工作成效低、表现不好的辅导员要及时从辅导员队伍中淘汰掉。注重服务对象学生的体验，构建以学生评价为重要依据的高校辅导员考评体系，有助于高校辅导员日益提升职业能力，改善工作方式，提升工作质量。

3.重视辅导员的双线晋升

教育部《普通高等学校辅导员队伍建设规定》："辅导员是高等学校教师队伍和管理队伍的重要组成部分，具有教师和干部的双重身份""辅导员具有教师和干部双重身份，实行学校和院（系）双重管理，可双线晋升"。推进高校辅导员专业化、专家化、职业化方向发展，需要有效落实辅导员的"双重身份"。学校要积极创造条件从辅导员中选拔优秀干部担任学校中层干部、学工办主任，通过党团学等平台进行优秀辅导员储备，有效推动辅导员在职务上有序提升，在辅导员队伍中建立处级辅导员、副处级辅导员岗位。要重视辅导员职称的单列计划、单独评审，降低论文、课题等传统评价比重，注重业绩导向，实现高级职称辅导员的有序培养。在课题申报、课程教学、项目支持等方面给予辅导员更大支持，实行首席辅导员制、建立名辅导员工作室、组织科研团队和课程研发团队等。实现行政岗位和职称岗位的双向流动，通过顶层设计确保辅导员的双线晋升落地。

四、强化辅导员全过程培养

1. 重视辅导员的专业素质培训

第一，高校辅导员在本硕期间攻读文理工科等专业的都大有人在，并没有表现出集中在高等教育、心理健康或者思想教育等相关专业的趋势。而且，即便是所谓"对口"专业的毕业生，也几乎不具备解决实践问题的能力。思想政治教育、心理学、教育学等相关专业辅导员和文科其他专业辅导员优秀率比理工科专业辅导员要高，理工科专业辅导员整体优势不强。学校要加强对理工科专业辅导员在心理咨询与就业指导技能、思想政治教育理论水平和手段上给予培训。第二，所学专业与所在二级学院不一致的辅导员优秀率总体上比专业一致的辅导员要高，专业一致的辅导员在二级学院担任辅导员的同时，承担部分教学和科研工作，同时专业一致的辅导员普遍有转岗需求，影响作为辅导员角色的专业性培养。第三，有心理咨询师、就业指导师职业资格证书的辅导员的优秀率总体上比无职业资格证书的辅导员高。经过职业资格系统培训和考核的辅导员，掌握了实操的职业能力，在进行有效沟通、心理咨询服务、危机干预以及职业生涯规划指导方面更具有专业性。学校要积极创造条件，为辅导员获得职业资格提供机会和支持。

2. 重视辅导员各阶段的培养

凡是担任一定职务，比如担任学生党支部书记、学工办主任、学生会指导老师、社团指导老师等职务的辅导员，其职业能力显著高于没有担任职务的辅导员。辅导员担任一定职务，能培养学生干部团队，进行资源有效整合，与学生干部团队共同开展思想政治教育工作，实现朋辈共同成长和团队共同育人。同时，辅导员担任一定职务，可以通过不同活动，深入开展思想政治教育工作，有效实现活动育人、文化育人、平台育人功能，防止思想政治教育的空洞化。因此，学校要积极给辅导员压担子，让辅导员有担当、有想法、有平台，并在工作中不断解决遇到的突发问题，与学生共同成长，给予学生更多更专业的建议和指导。

任职 10 年以上辅导员的基础能力、专业能力、工作能力都比较高，6—10 年是辅导员成长的一个重要转折点，辅导员的成长需要一个周期，必须经过 5—6 年的成长才能逐渐成熟。在这段时间内，要对选聘的新辅导员进行培训，通过事务性工作的规范化培训、心理培训、政治理论素养培训、管理沟通培训，使其尽快地熟悉辅导员工作的基本内容。任职 10 年以上的辅导员才能成为专家型辅导员，6—10 年是辅导员成长的转折点。因此，学校要关注辅导员的培养周期，从学校层面为辅导员的职业成长做好顶层设计，引导致力于从事学生工作的辅导员按照职业成长周期成长，做到梯队培养，有效解决辅导员的职业倦怠问题，在职业化、专业化、专家化道路上提供系统支持。

3. 重视提升辅导员职业认同

辅导员职业认同对于辅导员职业能力产生显著影响。职业认同在学校因素、学院因素、个体因素对辅导员职业能力的影响中发挥中介作用，凸显了职业认同的重要性。然而实际工作中，辅导员往往由于自身工作的碎片化，容易出现工作倦怠，没有价值感和认同感，并直接影响职业能力。因此，学校要积极构建辅导员职业认同提升渠道，比如通过建立名辅导员工作室、开展优秀辅导员表彰、实施辅导员访问学者计划、鼓励辅导员攻读博士学位、扩大辅导员高级职称聘用比例等手段，凸显辅导员的重要作用，不断提高辅导员的职业认同，从而提升职业能力，更好地为学生成长成才提供支持和服务。提高辅导员职业认同有利于辅导员自我效能感提升，辅导员自我效能感的高低影响着其应对新挑战的自如程度，关注辅导员的自我效能感的培养，以"质"的提高弥补"量"的不足，才是新形势下辅导员培养的明智之举。

从实际辅导员的工作成效来看，本科学历辅导员显著高于硕士学历辅导员。从调研数据看，硕士辅导员占比三分之二，如何提升硕士辅导员的职业认同，是高校需要面对的重要课题。硕士及以上毕业辅导员普遍会认为担任辅导员只是暂时工作，最终目标是要离开辅导员岗位。而本科毕业辅导员对自己有充分认识，并且在年龄上与学生差距不大，对辅导员岗位的忠诚度较高。因此加强对硕士学历辅导员的职业认同培养，对其保持岗位的忠诚度和稳定性具有重要影响。重点高校毕业生由于来自重点大学，对自己的职业期望值同样较高，因此提升他们的职业认同同样重要，不能仅仅把辅导员岗位作为职业生涯的跳板。

4. 重视职业培训和激励的有效作用

职业培训能有效提升专业能力，考核激励能有效提升工作能力。辅导员专业能力包括掌握心理健康技术、危机预防与干预技术、职业生涯规划指导、实用就业指导以及运用理论分析、调查研究等方法，归纳分析学生工作相关问题。工作能力主要是日常工作能力，包括日常思想政治教育的方法和手段、党团建设、学生干部培养、学业指导、日常事务、网络思政。职业培训和考核激励在不同职业能力上发挥重要作用，学校要充分使用职业培训和考核激励的功能。要根据专业能力具体要求，制订精准的职业培训计划，而不是全面铺开。要根据辅导员的专业要求和能力弱势，开展培训并达到培训效果。考核激励要通过业绩考核，注重辅导员实际工作效果，对于实际工作表现突出的辅导员要及时给予荣誉和表彰，并给予辅导员参加校外培训和短期进修的机会；辅导员参加职称评审时要充分考虑实际工作表现；在干部提拔时充分考虑辅导员实际工作表现。

高校辅导员必须不断强化政治意识、责任意识、阵地意识和底线意识，坚定广大学生中国特色社会主义道路自信、理论自信、制度自信和文化自信。新形势下，辅导员要不断改进工作方法和手段，在全球化和网络化背景下深刻认识到学生不断变化的特点，充分掌握思想政治教育、心理咨询、危机处理、就业指导、网络应用等专业技能，提升自身职业能力，成为专家型辅导员，为国家培养中国特色社会主义事业的接班者和建设者。

五、优化辅导员成长组织环境

1. 发挥朋辈辅导员的积极引领作用

无论辅导员的职业认同还是职业能力，具有类似于思想政治教育、教育学和心理学等相关专业知识的辅导员都显著低于文科其他专业、理工科专业背景的辅导员。众所周知，思想政治教育、教育学和心理学等相关专业是辅导员工作的对口专业，从大学到研究生阶段都是学习本专业，容易较早出现专业倦怠的情况。相比而言，理工科专业毕业的辅导员在高职院校担任辅导员工作，一定程度上扩充了理工科辅导员的知识背景和理论体系，更容易以理性思维去接触新的事物。目前，高职院校在招聘辅导员时，对于思想政治教育、教育学、心理学等相关专业辅导员优先考虑，希望相关专业能发挥更大作用，但却与实际出现差距。因此，要发挥相关专业辅导员的积极作用，院校层面要制订不同专业的成长计划。对学生工作相关专业辅导员要加强实践指导，对文科其他专业和理工科专业辅导员要加强理论指导，不断提升辅导员专业素养，同时促进不同专业辅导员融合成长。

2. 发挥良好的学工队伍环境的积极作用

学院因素中团队环境对职业能力的影响最弱，良好的辅导员人际关系、辅导员集体申报课题、科学合理的工作分工、及时表扬的工作氛围对于辅导员职业能力成长都有帮助。但整体上，团队环境评价在学院因素三个维度中最弱，说明团队环境在建设中还有提升空间。辅导员学生工作和团队建设都在二级学院，辅导员成长及职业能力提升与二级学院密切相关，建立和谐、稳定、幸福的成长环境至关重要。因此，各二级学院要发挥环境育人的功能，将无形的工作环境与有形的辅导员成长充分融合，努力营造稳定的人际关系环境、共同成长的鼓励环境、科学分工的公平环境、鼓励和支持的上下级关系友好环境、积极向上的心理环境，促进辅导员潜能发挥和积极的自我成长。

3. 发挥辅导员多岗位轮岗、锻炼的积极作用

研究表明，凡是担任一定职务，比如担任学生党支部书记、学工办主任、学生会指导老师、社团指导老师等职务的辅导员，其职业能力显著高于没有担任职务的辅导员。辅导员担任一定职务，能培养学生干部团队，进行资源有效整合，通过学生干部团队共同开展思想政治教育工作，实现朋辈共同成长和团

队共同育人。同时，辅导员担任一定职务，可以通过不同活动，深入开展思想政治教育工作，实现活动育人、文化育人、平台育人功能，防止思想政治教育的空洞化。因此，学院要积极给辅导员压担子，组织院内轮岗锻炼，为辅导员成长提供更多更好的平台，让辅导员有担当、有想法、有平台，并在工作中不断解决遇到的突发问题，对学生给予更多更专业的建议和指导。

4. 发挥辅导员开展学生教育方法研究的积极作用

从分析看，有孩子比无孩子的辅导员职业能力更强。有孩子的辅导员，更懂得与孩子相处，并在实践中掌握培育方法，学会如何理解孩子的想法，站在对方的角度去思考问题；学会如何发现孩子的问题，学会与孩子对话；学会以孩子的方式与其交流。在陪伴孩子成长的过程中，辅导员个人也逐渐走向成熟和稳重。因此，掌握一定的教育方法并运用实践非常重要。辅导员要学会与新时代的青年交流，需要有扎实的理论基础和丰富的实践经验，掌握教育规律，了解当代大学生的特点和成长规律。学院要加强对辅导员教育方法理论的培训，让辅导员了解学生成长特点，学会与学生融合成长，改变家长式的培养方式，以平等、融合的方式开展思想政治教育工作。

5. 发挥学院促进辅导员学习成长的积极作用

学院因素中得分最低的题项是 B11"学院召开的学生工作例会效率不高，不能解决实际问题"。沟通机制的平均值为 4.069，明显高于学习成长的平均值 3.425。这说明二级学院能为辅导员成长提供和谐的团队环境、有效的沟通环境。但二级学院比较强调工作结果，比较容易忽略学习成长，对辅导员学习成长的支持还是不够，包括入职指导、工作例会、案例研讨、经验介绍和外出学习等。因此二级学院要积极创造条件为辅导员成长提供平台，学院领导与辅导员共同成长，积极培育专家型辅导员，提升辅导员职业能力；为新入职辅导员安排经验丰富的辅导员担任入职导师，通过工作例会、案例研讨等方式，指导解决实际工作中的突出问题；通过经验介绍、创新案例的形式，加强辅导员之间的交流；组织辅导员参加专业培训等，为辅导员提供学习成长环境。

此外，学院还应在学历提升、职业资格、职业培训等方面做出一定的倾斜。例如，学校对辅导员学历提升给予经费资助和在职学习方面的支持。高职院校实施"双师型"队伍建设，学校要按照"双师型"培养要求支持辅导员获得心理咨询师、就业指导师等职业资格证书，学院可以给予经济支持；在职业培训资源上，学院要为辅导员职业能力提升提供精准培训，通过"送出去""请进来"等多种方式，开展高质量的专业能力培训。

6. 发挥学院内部良好的沟通交流机制的积极作用

沟通机制是目前学院行为表现最好的维度。在学院内部，工作中遇到困难会主动寻求同事帮助；和同事之间沟通交流没有障碍；面对重大工作任务时，辅导员能分工协助共同完成；与领导关系融洽且是合作关系；领导关心辅导员的生活和工作。在沟通机制中分工协作分数相对较低，因此要在沟通机制中创造较好的分工协作环境。在面对重大问题时，辅导员队伍不是各自独立应对工作，而是整体作战，共同解决问题。辅导员队伍形成分工合作的工作环境，需要领导的统一指挥，做到分工科学公平，形成具有战斗力的队伍。领导关心在整个沟通机制中分数最低，仅仅达到平均水平。辅导员年龄上相对较小，既要面对复杂的工作问题，又要解决生活的困难，需要领导在各个方面给予关心和支持。

第三节　研究局限与不足

本研究从国家政策、学校因素、学院因素、个体因素、职业认同五个方面对辅导员职业能力的影响进行了研究，探讨了各变量之间的因果关系，初步找到了辅导员职业能力的影响因素和影响路径。但囿于笔者学术素养和个人视野，研究方法和样本选择上存在一定局限，导致本研究还存在以下不足，需要在后续研究中进一步深化和完善。

1. 抽样方法存在一定改进空间

由于疫情防控的原因，本研究在抽样方式选择上以便利性抽样为主，没有采用更为合理的随机样本抽样方式，导致样本的代表性受到影响，进而对本研究结论的信度和效度产生影响。因此，未来的研究需要注意样本抽取的充分性、有序性和规范性，提高样本的代表性，最大限度地减少抽样对研究结论的影响。

2. 研究方法仍可进一步丰富

本研究采用定量与定性混合的实证研究范式，使用教育调查、统计分析等研究方法，以高职院校辅导员职业能力的影响因素为研究内容进行社会调查，收集相关资料，围绕提出理论假设或检验理论假设而展开研究。但要全面了解高职院校辅导员职业能力及影响因素，还需要应用多种研究方法，如使用个案研究法对辅导员职业能力现状和影响因素进行文本分析、深入挖掘，全面探索学校因素、学院因素、个体因素、职业认同、职业能力之间的相互关系。

3. 研究深度有待进一步挖掘

高职院校辅导员职业能力及影响因素研究是职业教育发展领域的重要议题，也是国家政策、社会公众和学者研究的热点。本研究对高职院校辅导员职业能力进行实证研究，从教育管理角度提出辅导员职业能力发展和提升的对策建议，但未来的研究中，可能需要跨学科的参与，使用心理学、教育学、社会学、组织学等多学科理论和研究方法进行探索，从不同学科视角分析现象和问题，更深入地挖掘影响高职院校辅导员职业能力的心理作用机制、社会因素、组织管理因素等，进一步探索高职院校辅导员职业能力的影响因素和作用路径。

高职院校辅导员职业认同与
职业能力调查问卷

亲爱的辅导员老师，您好！对于占用您的宝贵时间，我们深感歉意。非常感谢您参与我们的问卷调查！此次调查不存在任何商业用途，更不会泄露您的任何隐私。整个问卷中涉及的题目均没有对错之分，请根据您的实际情况填写，无需署名。谢谢您的合作！

I. 个人基本信息，请在横线上填写答案，或从备选答案中选择最符合情况的一个选项，打"√"。

1.性别：□男　□女

2.学历：□本科　□硕士　□博士

3.年龄：□30岁及以下　□31—35岁　□36—40岁　□41岁及以上

4.您工作单位所在城市：

5.您工作单位的类别：□公办本科　□公办高职院校　□民办本科　□民办高职院校

6.您的婚姻状况：□已婚　□未婚

7.您的子女情况：

□1个子女　□2个子女　□3个及以上子女　□暂无小孩

8.您的最高学历毕业院校：□985或211高校　□普通本科院校　□国外院校　□其他

9.是否担任教学：□是　□否

10. 您的用工方式：□正式编制　□雇员制（学校聘用制）　□外聘
□其他

11. 您的职称：

□教授　□副教授　□讲师　□助教　□无

12. 您的职级：

□正处　□副处　□正科　□副科　□无

13. 担任职务（可多选）：□学工办主任　□分团委书记　□学生会、社团联合会指导教师　□学生党支部书记　□无

14. 您所学专业：

□学生工作相关专业（思想政治教育、教育学、心理学、社会学等）
□文科其他　□理工科其他

15. 你现在所带年级（可多选）：

□大一　□大二　□大三　□大四

16. 您获得的职业资格（可多选）：

□心理咨询师　□就业指导师　□职业规划师（全球职业规划师）　□其他资格证书　□无

17. 您担任辅导员的时间：

□1年以下（含1年）　□1—3年（含3年）　□3—6年（含6年）
□6—10年（含10年）　□10年以上

18. 您现在所带学生人数：

□200人及以下　□201—300人　□301—400人　□401人及以上

19. 您的税后年总纯收入（包括年终奖和考核奖、不含五险一金）：

□5万元及以下　□5—8万元　□8—10万元　□10—15万元　□15—20万元　□20万元以上

20. 你对自己当前的收入是否满意？

□非常不满意　□不满意　□一般　□比较满意　□非常满意

21. 您的住房情况：

□住学生宿舍　□学校周转房　□校外租赁住房　□自购小产权房　□自购商品房

22. 您的职业期望是：

□辅导员　□任课教师　□行政管理人员　□调离学校

Ⅱ. 请表明您在多大程度上同意以下关于学校情况的描述，选择最能反映您真实感受的答案，打"√"。（"1"表示非常不符合；"2"表示比较不符合；"3"表示不确定；"4"表示比较符合；"5"表示非常符合）

A1 学校会根据辅导员的实际表现和工作年限确定相应行政级别，并享受同级待遇	① ___ ② ___ ③ ___ ④ ___ ⑤ ___
A2 学校辅导员职称评审参照教师岗位，单列计划、单设标准、单独评审	① ___ ② ___ ③ ___ ④ ___ ⑤ ___
A3 学校中层干部中很多都有辅导员工作经历	① ___ ② ___ ③ ___ ④ ___ ⑤ ___
A4 辅导员在职攻读硕士或博士可以脱产半年以上或提供学费资助	① ___ ② ___ ③ ___ ④ ___ ⑤ ___
A5 学校为辅导员参加各类培训提供机会和资金支持	① ___ ② ___ ③ ___ ④ ___ ⑤ ___
A6 学校举办的辅导员业务培训针对性强、效果很好	① ___ ② ___ ③ ___ ④ ___ ⑤ ___
A7 学校经常邀请知名专家进校开展辅导员专项培训	① ___ ② ___ ③ ___ ④ ___ ⑤ ___
A8 学校经常举办学生工作沙龙或内部经验交流学习活动	① ___ ② ___ ③ ___ ④ ___ ⑤ ___
A9 学校设立了学生工作相关课题，鼓励辅导员申报	① ___ ② ___ ③ ___ ④ ___ ⑤ ___
A10 学校每年业绩考核注重辅导员的实际工作表现	① ___ ② ___ ③ ___ ④ ___ ⑤ ___
A11 实际工作表现好的辅导员能获得各种荣誉和表彰	① ___ ② ___ ③ ___ ④ ___ ⑤ ___

A12 实际工作表现好的辅导员有机会参加校外培训或短期进修	① __ ② __ ③ __ ④ __ ⑤ __
A13 学校辅导员职称评审会考虑实际工作表现，而不是唯科研论	① __ ② __ ③ __ ④ __ ⑤ __
A14 学校会提拔实际工作表现好的辅导员担任中层干部	① __ ② __ ③ __ ④ __ ⑤ __

Ⅲ. 请表明您在多大程度上同意以下关于二级学院（系部）情况的描述，选择最能反映您真实感受的答案，打"√"。（"1"表示非常不符合；"2"表示比较不符合；"3"表示不确定；"4"表示比较符合；"5"表示非常符合）

B1 我认为辅导员团队关系良好，团结互助	① __ ② __ ③ __ ④ __ ⑤ __
B2 辅导员会集体申报相关课题	① __ ② __ ③ __ ④ __ ⑤ __
B3 我和其他辅导员相比，工作量大致相当	① __ ② __ ③ __ ④ __ ⑤ __
B4 当我工作突出时，领导会及时给予表扬	① __ ② __ ③ __ ④ __ ⑤ __
B5 我在工作中遇到困难，会主动寻求其他同事的帮助	① __ ② __ ③ __ ④ __ ⑤ __
B6 我和同事之间的沟通和交流没有障碍	① __ ② __ ③ __ ④ __ ⑤ __
B7 面对重大工作任务或复杂问题时，学院辅导员会分工协作	① __ ② __ ③ __ ④ __ ⑤ __
B8 我会主动向领导汇报工作进展	① __ ② __ ③ __ ④ __ ⑤ __
B9 领导会主动关心我的生活和工作困难	① __ ② __ ③ __ ④ __ ⑤ __
B10 我刚入职的时候，领导会安排经验丰富的辅导员担任我的入职导师	① __ ② __ ③ __ ④ __ ⑤ __
B11 学院召开的学生工作例会效率不高，不能解决实际问题	① __ ② __ ③ __ ④ __ ⑤ __
B12 学院经常组织辅导员一起开展工作案例研讨	① __ ② __ ③ __ ④ __ ⑤ __
B13 学院经常组织骨干辅导员介绍工作经验	① __ ② __ ③ __ ④ __ ⑤ __
B14 学院经常组织辅导员外出培训或考察	① __ ② __ ③ __ ④ __ ⑤ __

Ⅳ. 请表明您在多大程度上同意以下个人行为情况的描述，选择最能反映您真实感受的答案，打"√"。（"1"表示非常不符合；"2"表示比较不符合；"3"表示不确定；"4"表示比较符合；"5"表示非常符合）

C1 我每天都会关注国家大事和政治热点问题	① ＿ ② ＿ ③ ＿ ④ ＿ ⑤ ＿
C2 我会购买或到图书馆借阅管理学、心理学、教育学、职业生涯规划、就业指导方面的书籍，并在工作中进行运用	① ＿ ② ＿ ③ ＿ ④ ＿ ⑤ ＿
C3 我主持或参与过思想政治教育或学生工作方面的课题	① ＿ ② ＿ ③ ＿ ④ ＿ ⑤ ＿
C4 我参加过思想政治理论、形势与政策等方面的专题培训，觉得对工作有指导意义	① ＿ ② ＿ ③ ＿ ④ ＿ ⑤ ＿
C5 我参加过心理、职业生涯、危机干预等方面的专题培训，觉得对工作有指导意义	① ＿ ② ＿ ③ ＿ ④ ＿ ⑤ ＿
C6 我参加过网络平台应用及网路舆情管理等方面的专题培训，觉得对工作有指导意义	① ＿ ② ＿ ③ ＿ ④ ＿ ⑤ ＿
C7 我参加过学术研究能力的专题培训，觉得对工作有指导意义	① ＿ ② ＿ ③ ＿ ④ ＿ ⑤ ＿
C8 我参加过心理、就业等课程教学技能的培训，对提高课堂效果很有帮助	① ＿ ② ＿ ③ ＿ ④ ＿ ⑤ ＿

Ⅴ. 请表明您在多大程度上同意以下个人感受的描述，选择最能反映您真实感受的答案，打"√"。（"1"表示非常不符合；"2"表示不符合；"3"表示一般；"4"表示符合；"5"表示非常符合）

D1 我在乎别人如何看待高校辅导员群体	① ＿ ② ＿ ③ ＿ ④ ＿ ⑤ ＿
D2 当有人无端指责辅导员群体时，我感到自己受到了侮辱	① ＿ ② ＿ ③ ＿ ④ ＿ ⑤ ＿
D3 我认为辅导员职业是值得尊敬的，担负着重要责任	① ＿ ② ＿ ③ ＿ ④ ＿ ⑤ ＿

D4 我适合做高校辅导员，它可以实现我的人生价值	① ___ ② ___ ③ ___ ④ ___ ⑤ ___
D5 我对做好辅导员工作充满信心	① ___ ② ___ ③ ___ ④ ___ ⑤ ___
D6 在人际关系中，我常常因为自己是辅导员而感到自卑	① ___ ② ___ ③ ___ ④ ___ ⑤ ___
D7 在工作中遇到困难我会通过学习或寻求帮助去努力解决	① ___ ② ___ ③ ___ ④ ___ ⑤ ___
D8 即使我的工作给家庭带来一定的冲突，我仍愿意从事辅导员	① ___ ② ___ ③ ___ ④ ___ ⑤ ___
D9 随着国家对思想政治教育重视程度的增加，我相信辅导员的地位会越来越高	① ___ ② ___ ③ ___ ④ ___ ⑤ ___
D10 在职称或职务评聘过程中，即使我暂时落后于其他岗位人员，我也不愿意转岗	① ___ ② ___ ③ ___ ④ ___ ⑤ ___
D11 在产生职业倦怠时我会积极想办法克服	① ___ ② ___ ③ ___ ④ ___ ⑤ ___
D12 如果有机会重新选择，我仍然会选择高校辅导员这一职业	① ___ ② ___ ③ ___ ④ ___ ⑤ ___

Ⅵ. 请表明您在多大程度上同意以下个人能力的描述，选择最能反映您真实感受的答案，打"√"。（"1"表示非常不符合；"2"表示不符合；"3"表示一般；"4"表示符合；"5"表示非常符合）

H1 我能与学生保持很好的师生关系	① ___ ② ___ ③ ___ ④ ___ ⑤ ___
H2 我与同事的关系很好，与他们相处感觉很幸福	① ___ ② ___ ③ ___ ④ ___ ⑤ ___
H3 我的语言表达能力很强，逻辑清楚，重点突出	① ___ ② ___ ③ ___ ④ ___ ⑤ ___
H4 我在工作和生活中能很好地调控自己的情绪	① ___ ② ___ ③ ___ ④ ___ ⑤ ___
H5 我掌握了倾听、共情、尊重等心理沟通技能	① ___ ② ___ ③ ___ ④ ___ ⑤ ___
H6 突发事件发生后，我会快速了解事件信息并对事件性质作出判断	① ___ ② ___ ③ ___ ④ ___ ⑤ ___

H7 我有能力在学生找我咨询时，为他提供专业的生涯规划指导	① ___ ② ___ ③ ___ ④ ___ ⑤ ___
H8 我能为学生提供实用的求职技巧	① ___ ② ___ ③ ___ ④ ___ ⑤ ___
H9 我能运用理论分析、调查研究等方法归纳分析学生工作相关问题	① ___ ② ___ ③ ___ ④ ___ ⑤ ___
H10 我会通过谈心谈话对学生进行理想信念教育，学生乐于接受	① ___ ② ___ ③ ___ ④ ___ ⑤ ___
H11 我会将社会主义核心价值观知识点融入就业指导等课程教学中	① ___ ② ___ ③ ___ ④ ___ ⑤ ___
H12 我能讲授具有一定理论水平、深受学生欢迎的党课、团课	① ___ ② ___ ③ ___ ④ ___ ⑤ ___
H13 对学生骨干我会经常公开表扬，并向上级部门推优	① ___ ② ___ ③ ___ ④ ___ ⑤ ___
H14 我熟悉学生所学专业的培养计划、专业前景	① ___ ② ___ ③ ___ ④ ___ ⑤ ___
H15 我能通过团体辅导、个别谈心等形式化解宿舍中学生之间的矛盾	① ___ ② ___ ③ ___ ④ ___ ⑤ ___
H16 我熟悉学生网络语言，善于通过网络平台发布相关内容吸引学生浏览、点击和评论，引导网络舆情	① ___ ② ___ ③ ___ ④ ___ ⑤ ___

问卷到此结束，再次感谢您的合作！祝您顺利！

附表 1-1 样本抽样基本情况

省份	有效样本	城市	职业技术学院	人数	男辅导员数	硕士以上学历	35岁以上	已婚	有孩子	毕业于985或211高校	事业编制	副教授以上	思想政治教育学等相关专业	辅导员工作时间6年以上	毕业后年总收入10万以上
广东	316	深圳	A校	109	42	97	32	68	55	54	57	5	34	38	99
		广州	B校	106	30	89	21	71	56	39	55	2	43	40	39
		珠海	C校	60	25	42	22	43	38	21	35	0	21	25	32
		清远	D校	41	27	36	24	35	30	15	47	3	15	34	25
浙江	61	杭州	E校	61	27	34	5	31	13	5	56	1	13	7	9
湖南	119	长沙	F校	58	19	22	17	41	30	14	29	4	14	27	4
		株洲	G校	61	27	40	24	45	37	19	42	3	14	27	1
河南	134	驻马店	H校	64	25	34	14	43	34	14	54	4	10	7	4
		郑州	I校	70	28	39	10	45	41	23	25	0	22	12	2
河北	266	石家庄	J校	85	31	65	11	47	35	29	58	1	11	12	3
			K校	91	21	36	46	73	66	14	35	5	19	34	1
			L校	90	20	48	38	60	57	15	47	3	15	30	1
内蒙古	105	呼和浩特	M校	38	19	3	12	24	23	4	12	0	4	12	1
		包头	N校	67	28	31	15	39	29	14	33	1	9	16	1
甘肃	61	兰州	O校	61	35	29	22	33	29	14	37	1	24	15	2
总计	1062			1062	404	645	313	698	573	294	622	33	268	336	224

注：7个省份，总计 15 个高职院校，1062 人参与问卷。

附录二

访谈提纲

1. 您认为辅导员队伍建设的现状、主要问题是什么？

2. 您认为辅导员职业能力的构成主要有哪些？

3. 您认为辅导员职业认同的构成主要有哪些？

4. 您认为影响辅导员职业能力的因素有哪些？

5. 您认为影响辅导员职业认同的因素有哪些？

6. 您认为有哪些更好的政策来解决辅导员队伍稳定性问题？

7. 您认为高职院校辅导员职业发展值得借鉴推广的经验有哪些？

8. 您对辅导员职业能力发展有哪些好的建议？

附表 2-1　访谈对象基本情况一览表

教师编号	性别	岗位类别	职务	职称	年龄
T1	男	校领导	副校长	教授	55
T2	男	二级学院领导	书记	讲师	48
T3	男	职能处室领导	主任	副研究员	47
T4	女	二级学院领导	书记	讲师	50
T5	男	二级学院领导	院长	教授	52
T6	女	职能处室领导	处长	讲师	47
T7	女	教师		教授	49
T8	女	教师		副教授	46

续附表 2-1

教师编号	性别	岗位类别	职务	职称	年龄
T9	男	教师		讲师	35
T10	女	校领导	校长	教授	52
T11	女	职能处室领导	副处长	副教授	41
T12	男	教师		副教授	38
T13	女	职能处室领导	副处长	讲师	36
T14	男	辅导员		讲师	30
T15	男	二级学院领导	副院长	教授	41
T16	女	辅导员		副教授	40
T17	男	校领导	副书记	副教授	47
T18	女	二级学院领导	书记	副教授	43
T19	女	教师		副教授	42
T20	男	教师		教授	51
T21	女	辅导员		讲师	32
T22	男	职能处室领导	处长	教授	45
T23	女	职能处室领导	副处长	副研究员	44
T24	男	辅导员		讲师	28
T25	男	二级学院领导	书记	副研究员	49
T26	女	辅导员		讲师	33
T27	男	教师		教授	51
T28	女	校领导	副校长	教授	52
T29	男	职能处室领导	处长	副教授	50
T30	女	辅导员		讲师	36
T31	男	校领导	副校长	教授	47
T32	女	二级学院领导	副书记	副教授	45

续附表 2-1

教师编号	性别	岗位类别	职务	职称	年龄
T33	男	辅导员		副教授	43
T34	男	校领导	副校长	教授	53
T35	女	职能处室领导	主任	教授	51
T36	男	辅导员		副教授	41
T37	女	辅导员		副教授	37
T38	男	校领导	副校长	教授	50
T39	男	二级学院领导	副书记	副教授	39

附表 2-2　访问对象岗位类别情况一览表

	校领导	职能处室领导	二级学院领导	教师	辅导员
人数	7	8	8	7	9
比重 /%	17.95	20.51	20.51	17.95	23.08

附表 2-3　访谈结果一览表

访谈内容	访谈结果关键词	人数	比重 /%
1. 辅导员队伍建设存在的主要问题	晋升空间有限	35	89.74
	专业能力薄弱	30	76.92
	招聘、激励、考核制度不健全	26	66.67
	学习成长机制缺失	32	82.05
	流动性大，职业认同低	37	94.87
2. 辅导员职业能力构成主要因素	人际交往、表达沟通、压力与情绪管理等情商能力	39	100
	心理咨询、职业生涯规划、就业指导等专业能力	35	89.74
	日常事务管理能力	31	79.49

续附表 2-3

人数	比重 /%	人数	比重 /%
3. 辅导员职业认同构成主要因素	对辅导员职业的归属感和自尊感	38	97.43
	对辅导员职业的坚持及克服困难、职业倦怠的毅力	32	82.05
4. 辅导员职业能力影响因素	学校政策	38	97.43
	二级学院组织环境	32	82.05
	个人因素	28	71.79
5. 辅导员职业认同影响因素	学校政策	37	94.87
	二级学院组织环境	35	89.74
	个人因素	30	76.92
6. 辅导员队伍稳定政策支持	根据实际表现和工作年限确定行政级别	28	71.79
	干部优先选拔	30	76.92
	学历提升	34	87.18
	职称评聘单列计划、单设标准、单独评审	37	94.87
	课题、培训经费支持	30	76.92
	考核评估注重实际工作业绩	36	92.31
7. 辅导员职业发展经验借鉴	严格执行国家辅导员队伍建设的相关文件和制度	29	74.36
	确保辅导员职称评聘单列计划、单设标准、单独评审，保障一定比例的高级职称	30	76.92
	坚持辅导员双重身份（行政和教师）的落地	39	100
	干部选拔、职称评聘注重班主任、辅导员经历	37	94.87
8. 辅导员职业能力发展建议	加强专业能力（心理咨询、职业生涯规划、就业指导）	35	89.74
	加强理论研究的能力	30	76.92
	加强利用人力资源管理、社会学、教育学、心理学等专业应用到学生日常管理中的能力	29	74.36

Reference

参考文献

一、著作类

[1] 陈万柏，张耀灿.思想政治教育学原理［M］.北京：高等教育出版社，2015.

[2] 十七大以来重要文献选编［M］.北京：中央文献研究室，2011.

[3] 翟惠根.职业素质教育论［M］.长沙：中南大学出版社，2006.

[4] 方宏建，张宇.高校学生工作概论［M］.济南：山东大学出版社，2009.

[5] 冯刚.辅导员工作教程［M］.北京：高等教育出版社，2013.

[6] 汉姆瑞克，伊万斯，斯苏.学生事务实践基础［M］.游敏惠，王风，刘存伟，等译.成都：四川大学出版社，2009.

[7] 黄晓波.学生工作专业化系统与辅导员核心能力构建［M］.北京：北京师范大学出版集团，2010.

[8] 德斯勒.人力资源管理［M］.刘听，译.北京：中国人民大学出版社，1999.

[9] 教育部思想政治工作司.高等学校辅导员工作概论［M］.北京：高等教育出版社，2014.

[10] 教育部思想政治工作司.大学生思想政治教育理论与实践［M］.北京：高等教育出版社，2009.

[11] 李莉.高校辅导员专业化发展研究［M］.南京：东南大学出版社，

2011.

［12］李林英，郭丽萍.新媒体环境下高校思想政治教育教学研究［M］.北京：人民出版社，2015.

［13］刘海春.高校辅导员职业生涯发展教程［M］.北京：人民出版社，2009.

［14］刘捷.专业化：挑战21世纪的教师［M］.北京：教育科学出版社，2003.

［15］鲁洁，王逢贤.德育新论［M］.上海：上海教育出版社，1990.

［16］丘进，卢黎歌.机制·创新·长效：高校辅导员队伍建设研究［M］.西安：西安交通大学出版社，2012.

［17］王传中，朱伟.辅导员工作指南［M］.武汉：武汉大学出版社，2010.

［18］温斯顿，储祖旺.学生事务管理者专业化论［M］.胡志红，译.北京：科学出版社，2010.

［19］吴晓义，杜今锋.管理心理学［M］.广州：中山大学出版社，2009.

［20］习近平谈治国理政（第二卷）［M］.北京：外文出版社，2017.

［21］习近平谈治国理政［M］.北京：外文出版社，2014.

［22］多尔.后现代课程观［M］.王红宇，译.北京：教育科学出版社，2000-09.

［23］梅里安，凯弗瑞拉.成人学习的综合研究与实践指导［M］.2版.黄健，张永，魏光丽，译.北京：中国人民大学出版社，2011.

［24］杨建义.高校辅导员专业成长研究：基于思想政治教育学科的视野［M］.北京：社会科学文献出版社，2014.

［25］叶澜.教师角色与教师发展新探［M］.北京：教育科学出版社，2001.

［26］张耀灿，徐志远.思想政治教育学科论［M］.武汉：湖北人民出版社，2002.

［27］钟启泉，安桂清.研究性学习理论基础［M］.上海：上海教育出版社，2003.

［28］钟启泉，高文，赵中建.多维视角下的教育理论与思潮［M］.北京：教

育科学出版社，2004.

［29］周家伦.高校辅导员：理论、实务与开拓［M］.上海：同济大学出版社，2011.

［30］朱小曼，金生鈜.道德教育评论2010［M］.北京：教育科学出版社，2011.

［31］朱正昌.高校辅导员队伍建设研究［M］.北京：人民出版社，2010.

［32］赫钦斯.美国高等教育［M］.汪利兵，译.杭州：浙江教育出版社，2001.

［33］Blimling G S，Associates. Good practice in students affairs：Principle to foster students learning［M］.San Francisco：Jossey-Bass Publishers，2001.

［34］Margaret J. Barr，Mary K. Desler，and Associates. The handbook of student affairs administration［M］.Jossey-Bass Publishers，2000.

二、学术文献类

［1］曹麒麟，李向成.高校辅导员专业化的必要性分析与可行路径研究［J］.思想政治教育研究，2008（1）.

［2］戴锐，肖楚杰.职业社会学视角下高校辅导员的角色再定位研究［J］.思想政治教育研究，2006（4）.

［3］冯维，杨兢.高职大学生与普通大学生学习适应性比较研究［J］.中国特殊教育，2005（11）.

［4］高国希.论思想政治教育的目标与途径［J］.思想理论教育，2008（1）.

［5］顾卉.生源变化背景下高职教育可持续发展研究［J］.教育与职业，2017（18）.

［6］高玖伟.论高校辅导员职业化进程中的职业能力开发［J］.学校党建与思想教育，2009（9）.

［7］郭文革.教育变革的动因：媒介技术的影响［J］.教育研究，2018（4）.

［8］高振发 . 高职院校生源多元化背景下的学生管理创新［J］. 教育与职业，2015（24）.

［9］韩冬，毕新华 . 高校辅导员职业能力的形成与提升［J］. 思想理论教育导刊，2011（11）.

［10］胡建新 . 关于高校辅导员专业发展的若干思考［J］. 教育研究，2009（10）.

［11］贾德民 . 高职院校辅导员职业能力发展探析［J］. 职业技术教育，2015，36（2）.

［12］靳玉军 . 论高校辅导员专业化的知识基础及其发展［J］. 高等教育研究，2008（3）.

［13］匡瑛 . 究竟什么是职业能力：基于比较分析的角度［J］. 江苏高教，2010（1）.

［14］罗会德 . 美国高校学生事务管理队伍建设的借鉴及启示［J］. 思想教育研究，2011（8）.

［15］鲁洁 . 道德教育的根本作为：引导生活的建构［J］. 教育研究，2010（6）.

［16］刘锦 . 新时代高职院校辅导员队伍建设的新内涵与新路径［J］. 学校党建与思想教育，2019（24）.

［17］李家新 . 高校学生事务管理的三种典型模式［J］. 现代教育管理，2014（3）.

［18］廖济忠，徐建军 . 结构转型：高校辅导员队伍专业化建设的关键［J］. 现代大学教育，2006（4）.

［19］李莉 . 高校辅导员专业化内涵与路径的理论探索［J］. 黑龙江高教研究，2010（8）.

［20］罗立顺，李同果 . 发达国家高校学生事务管理的经验及启示［J］. 学校党建与思想教育，2015（4）.

［21］刘立柱.马克思人的全面发展思想的历史之维与时代之思［J］.改革与战略，2018（9）.

［22］李明忠.高校优秀辅导员的群体特征与职业发展：以2008—2014年全国高校辅导员年度人物为例［J］.高等教育研究，2016（3）.

［23］李婷.马克思人的全面发展理论的当代解读［J］.人民论坛，2017（17）.

［24］李铁林.普通高校与高职院校之比较研究［J］.当代教育论坛，2006（11）.

［25］李卫红.抓住根本　立德树人　切实把高校辅导员队伍建设提高到一个新的水平［J］.思想理论教育导刊，2007（11）.

［26］刘向兵.本科教育质量与研究型大学核心竞争力的培育［C］//北京市高等教育学会2007年学术年会论文集：下册.北京：北京市高等教育学会，2008.

［27］楼艳，叶文.基于导师制的团队合作辅导员专业化发展模式探索［J］.思想理论教育，2017（1）.

［28］李永山.高校辅导员工作的核心能力及其培养［J］.思想教育研究，2015（1）.

［29］李忠军.以职业能力建设为核心推动高校辅导员队伍专业化发展［J］.思想理论教育，2014（12）.

［30］马小红.高校辅导员职业能力提升的困境与对策［J］.学校党建与思想教育，2014（7）.

［31］曲波.意识形态建设视域中当代思想政治教育的观念创新［J］.思想教育研究，2016（2）.

［32］覃吉春，王静萍.高校辅导员职业能力结构与提升路径［J］.思想理论教育导刊，2018（2）.

［33］曲建武，吴云志.高校辅导员素质与能力建设问题研究综述［J］.高校

理论战线，2006（4）.

［34］苏冰星.思想政治教育价值取向的特征、问题及其矫正［J］.教学与管理，2017（21）.

［35］史慧明.高校辅导员专业化的理论诉求：对辅导员专业化的几个热点问题综述［J］.江苏高教，2009（4）.

［36］吴晶，胡浩.习近平在全国高校思想政治工作会议上强调：把思想政治工作贯穿教育教学全过程 开创我国高等教育事业发展新局面［J］.中国高等教育，2016（24）.

［37］王本贤.西方职业生涯理论的发展脉络［J］.中国职业技术教育，2006（27）.

［38］王海山.新时期高职院校辅导员素质能力的提升［J］.教育与职业，2017（1）.

［39］王立高.高职生学习适应现状调查及对策研究：以广西壮族自治区为例［J］.职教论坛，2017（36）.

［40］王利华，肖凭.高职生与普通大学生心理亚健康状况比较研究［J］.教育与职业，2005（30）.

［41］王敏幸，孙振民.新时期高校辅导员职业能力培养的路径选择［J］.理论导刊，2009（12）.

［42］王映，赵盈.高校辅导员专业化知识困境及其对策［J］.思想理论教育，2017（3）.

［43］许德宽.困境与出路：高职院校"生源荒"探析［J］.教育与职业，2013（9）.

［44］谢洪明，吴隆增.技术知识特性、知识整合能力和效果的关系：一个新的理论框架［J］.科学管理研究，2006（2）.

［45］夏仕林.美国高校学生事务管理的经验及启示［J］.黑龙江高教研究，2014（9）.

［46］徐艳国.中英高校学生工作队伍建设比较研究［J］.思想理论教育导刊，2008（9）.

［47］叶华光.高职教育的特性分析与未来发展走向：与普通高等教育比较的视角［J］.教育发展研究，2010，30（1）.

［48］杨继平，顾倩.大学辅导员胜任力的初步研究［J］.山西大学学报（哲学社会科学版），2004，27（6）.

［49］杨建义.高校辅导员专业定位、标准及其达成［J］.福建师范大学学报（哲学社会科学版），2012（1）.

［50］叶澜.新世纪教师专业素养初探［J］.教育研究与实验，1998（1）.

［51］叶澜，白益民，王枬，等.教师角色与教师发展新探［J］.甘肃教育，2015（3）.

［52］虞晓东，李建伟，胡凌燕，等.辅导员专业化发展的质性研究［J］.山东省青年管理干部学院学报，2010（1）.

［53］严玉梅.大学生教师职业认同现状的调查与分析［J］.高校教育管理，2010，4（1）.

［54］于喆.可持续发展教育背景下德国高校教师专业行动能力的培养［J］.教育研究，2018（1）.

［55］杨宗凯，吴砥，郑旭东.教育信息化2.0：新时代信息技术变革教育的关键历史跃迁［J］.教育研究，2018，39（4）.

［56］张斌，衡旭辉.高校辅导员的实践智慧：内涵、品性与发展策略［J］.思想政治教育研究，2009（3）.

［57］郑德前.新时期高校辅导员职业能力提升研究［J］.学校党建与思想教育，2015（22）.

［58］张宏如.高校辅导员职业能力研究［J］.思想理论教育导刊，2011（9）.

［59］朱厚望，龚添妙.高职教育人才培养目标的历史演变与再定位［J］.中国职业技术教育，2020（7）.

［60］张红英.建构高校学术辅导员核心能力结构［J］.辽宁教育研究，2007（5）.

［61］张洁.基于全国高校辅导员年度人物的辅导员专业化研究［J］.思想理论教育，2015（3）.

［62］张健.美国高校学生事务管理对我国高校学生工作的启示［J］.江苏教育，2010（6）.

［63］周建松.试论高等职业教育办学特色和水平的内涵要素：基于高职教育与普通高校、中职教育的比较与分析［J］.中国职业技术教育，2010（30）.

［64］赵康.专业、专业属性及判断成熟专业的六条标准：一个社会学角度的分析［J］.社会学研究，2000（5）.

［65］朱孔军，林伟庭.从两难选择到整合协调：辅导员队伍专业化建设的现实问题思考［J］.思想教育研究，2008（7）.

［66］赵攀，林春逸.试论工匠精神在高职院校育人实践中的价值引领［J］.职教论坛，2019（11）.

［67］张莉，鲁萍，杜涛.高校辅导员职业能力提升与专业化发展研究［J］.思想理论教育导刊，2015（8）.

［68］钟文华.高专学前教育专业学生职业认同感的现状与提升策略：以 A 师范高等专科学校为例［J］.教育导刊（下半月），2021（2）.

［69］张耀灿，徐志远.思想政治教育及其相关重要范畴的概念辨析［J］.思想理论教育，2003（Z1）.

［70］朱玉华，李永山.安徽省高等学校辅导员队伍专业化建设探索：基于安徽 93 所高校辅导员队伍建设自查报告的分析［J］.安徽大学学报（哲学社会科学版），2009（6）.

［71］郑永廷.论思想政治教育的内涵、外延与规范［J］.教学与研究，2014（11）.

［72］赵雅卫，刘钰涵．高职院校辅导员队伍建设的困境及问题的消解［J］．教育理论与实践，2020，40（30）．

［73］Alan E.KaZdin. The Encyclopedia of Psychology.Oxford University Press，2000.

［74］Ashforth B，Mael F. Social identity theory and organization. The Academy of Management Review，1989，14（11）：20-39.

［75］Berrios-Allison，A.C. Family influences on college students. ocupational identity. Journal of Career Assessment，2005，13（2）．

［76］Beijaard D. Teachers' Prior experiences and actual Perceptions of Professional identity. Teachers and teaching：Theory and Practice，1995（1）．

［77］Blau G J. Further exploring the meaning and measurement of carrer commitment J.，Joumal of Vocational Behavior，1988，32（3）．

［78］Brian E P，Ivana D，Joseph S，et al. Supporting students in recovery on college ca npuses：Opportunities for student affairs professionals. J Stud Aff Res Pract，2011，48（1）．

［79］Brickson s. The impact of identity orientation on individual and organizaional outcomes indemographically diverse setting J.，Academy of Management Review，2000，25（1）．

［80］Cooper к，Olson，м. R. The multiple I's' of teacher identity. In м. Kompf，W. R.Bond，D. Dworet，& R. T.Boak（Eds.），Changing research and practice：Teachers'professionalism，identities and knowledge. London Washington，DC：The Falmer Press，1996：78-89.

［81］Chope R，Johnson R A. Career identity in a turbulent world J.. Perspectives in Education，2008，26（3）．

［82］Colron J，Smith R. Active Location in teachers construction of their professional identities. Journal of Curriculum Studies，1999，31（6）．

[83] Erikson, E. H. Identity: Youth and Crisis.New York: WW Norton & Company.1994.

[84] Fugae, M, Kinicki, A. J, & Ashforth, B. E (200). Employability: Apsycho-social constnct, its dimensions, and apicaion. Joumal of Vocational Behavior, 65 (1).

[85] Flores, Maria Assuncao & Day, Christopher. Contexts which shape and reshape new teachers identities: A multi-perspective study. Teaching &Teacher Education, 2006, 22 (2).

[86] Goodson, I.F & Cole, A.L. Exploring the teachers' professional knowledge: Constructing Identity and community. Teacher Education Quarterly, 1994, 21 (1).

[87] Gaziel, H.H. Sabbatical leave, Job burnout and turnover intentions among teachers.Irtermational Journal of lifelong Education, 1995, 14 (4).

[88] Greenhaus J H, Beutell N J.Sources of conflict between work and family roles. academy of Management Review, 1985 (10).

[89] Holland, J. L., Johnston, J. A., & Asama, N. F.The Vocational Identity Scale: Adiagnostic and treatment tool. Journal of Career Assessment, 1993, 1 (1).

[90] Holland, J. L., Gottfredson, D. c., & Power, P.G. Some diagnostic scales for researchin decision making and personality: Identity, information, and barriers.Journal of Personality and Social Psychology, 1980, 39 (6).

[91] Holland, J. L, Johnston, J. A., & Asama, N. F. The Vocational Identity Scale: Adiagnostic and treatment tool. Journal of Career Assessment, 1993, 1 (1).

[92] Hargrove, B. K., Creagh, M. G, & Burgess, B.L. Family interaction patterns aspredictors of vocational identity and career decision-making self-

effiacy. Joumal ofVocational Behavior, 2002, 61（2）.

［93］Hagrove B K, Inman A G, Crane R L. Family interaction patterns, career planningattitudes, and vocational identity of high school adolescents. Journal of CareerDevelopment, 2005, 31（4）.

［94］Jackson C C, Neville H A. Influence of racial identity attitudes on AfricanAmerican college students. vocational identity and hope. Joumal of VocationalBehavior, 1998, 53（1）.

［95］Jil Carrie. Organizational Performance Improvement In Higher Education Student Affairs: A Phenomenographic Study, 2011.

［96］Johnson P, Buboltz W C, Nichols C N. Parental divorce, family functioning, and vocational identity of college students. Journal of Career Development, 1999, 26（2）.

［97］Kermer L, Hofman J E. teachers 'professional identity and job−leaving inclination R..Educational Resources Information Center, 1981.

［98］Kolthagen, Fred A.J. In search of the essence of a good teacher: towards a more holisticapproach in teacher education. Teaching & Teacher Education, 2004, 20（1）.

［99］MaClure, M.Arguing for yourself : identity as an organizing Principle in teachers' jobs andlives. British Educational Research Joumal, 1993, 19（4）.

［100］Mead Alabasi K, Gal N, Fatani A, et al. Development and validation of a comprehensive older adult screening tool（COAST）: A practical tool for identifying malnutrition risk. Journal of the Academy of Nutrition and Dietetics, 2018, 118（9S）.

［101］Miller D R. The study of social relationships: situation identity and social interaction. In S.Kisch（ed.）, Psychology: a study of science M.New

York: McGraw-Hill, 1963.

[102] Moore M, Hofman J E. Professional identity in institutions of higher leaming in Israel.Higher Education, 1998, 17（1）.

[103] Meijers F. The development of a career identity. International Journal for the Advancement of Coun selling, 1998, 20（3）.

[104] Meyer J P, Allen N J, Smith C A. Commitment to organiazations and occupations: Extetension and test of a three-component conception J.. Joumnal of Appied Psychology, 1993, 78（4）.

[105] Melgosa J.Development and validation of the occupational identity scale. Journal of Adolescence, 1987, 10（4）.

[106] Munson W W. Self-Esteem, vocational identity, and career salience in high school students. Career Development Quarterly, 1992, 40（4）.

[107] Negishi K, Asahara K, Yanai H. Developing a professional identity scale: identifying factors related to professional identity of govemment-employed public health nurses.J.. Nihonkoshu eisei zasshi. Japanese joumal of public health, 2010, 57（1）.

[108] Nixin J. Professional identity and the restructuring of higher education. Studies in Higher Education, 1996, 21（1）.

[109] Penick N I, Jepsen D A. Family functioning and adolescent career development.Career Development Quarterly, 1992, 40（3）.

[110] Reynolds C. Cultural scripts for teachers: Ientities and their relation to workplace landscapesJ. Changing Research and Practice: Teachers' Profeshionalism, Identities and Knuwledge, 1996.

[111] Paige H, Cheryl G. Developing intercultural competence in future student affairs professionals through a graduate student global study course to doha, Qatar Catholic Education, 2013, 4（14）.

[112] Shin Y J, Kelly K R. Cross-culural comparison of the efects of opimism, lnrinsic motivation, and family relations on vocational lenty P. The Carer Development Quarterly, 2013, 61（2）.

[113] Strauser D, Lustig D. Psychological well being: Its relation to work personality, vocational identity, and career thoughts. The Journal of Psychology , 2008, 42（1）.

[114] Shih S F, Brown C. Taiwanese international students: Acculturation level and vocational identity. Journal of Career Development, 2000, 27（1）.

[115] Super D E. Career Development: Self-concept theory. Princeton, New Jersey: College Entrance Examination Board, 1963.

[116] Twiselton, Samantha. The role of teacher identities in learning to teach Primary literacy.Educational Review, 2004, 56（2）.

[117] Tricia A. Jeff B. Perceptions of student affairs and services practitioners in Ontario's post-secondary institutions: An examination of colleges and universities. Canadian Joumalof Higher Education, 2013, 43（2）.

[118] Veiga F H, Moura H. Adolescents.vocational identity: Adaptation of the Occupational Identity Scale（OIS）.Actas da Intrnational conference AIOSP 2005: Careersin context: new hallenges and tasks for guidance and counseling. Lisbon: University ofLisbon, FPCE, AIOSP, 2005.

[119] Vokmann M J, Anderson M A. Ceating poesesa idenity: t Dilemmas and metphos ofafirst-year chemistry teacher J.. Science Education, 1998, 82.

[120] Wah tan T.Professional development and perceptions of Professional identity amongst someteachers in a school for mentally retarded children. Paper presented at the gt congerence of the International study Association on Teacher Thinking, Kiel.Germany, 1997.

[121] Watson, Cate. Narratives of practice and the construction of identity in

teaching. Teachers and Teaching： Theory and Practice，2006，12（5）.

三、学位论文类

［1］陈岩松.基于胜任力的高校辅导员绩效评价研究［D］.南京：南京航空航天大学，2011.

［2］韩泽春.基于高校辅导员专业化的教育知识管理研究［D］.长春：东北师范大学，2015.

［3］何萌.高校辅导员核心能力建设问题研究［D］.济南：山东大学，2016.

［4］姜涛.高等教育大众化背景下的辅导员影响力研究［D］.沈阳：辽宁大学，2015.

［5］李洪波.基于演化视角的高校辅导员管理研究［D］.镇江：江苏大学，2010.

［6］李鹏.我国高校辅导员队伍专业化职业化建设研究［D］.徐州：中国矿业大学，2015.

［7］刘世勇.高校辅导员职业认同研究［D］.武汉：中国地质大学，2014.

［8］潘杨.高校教师职业认同、组织认同与创新行为研究［D］.成都：西南财经大学，2014.

［9］申雪寒.高校辅导员管理机制论［D］.长春：东北师范大学，2015.

［10］苏亚杰.高校辅导员职业能力研究［D］.哈尔滨：哈尔滨师范大学，2019.

［11］魏淑华.教师职业认同研究［D］.重庆：西南大学，2008.

［12］杨亚庚.我国高校辅导员职业发展研究［D］.长春：东北师范大学，2014.

［13］赵海丰.高校辅导员制度的演进与发展趋势研究［D］.沈阳：辽宁大学，2014.

［14］郑晓娜.高校辅导员职业化研究［D］.沈阳：辽宁大学，2015.

［15］朱红春.职业化背景下高校辅导员能力发展研究［D］.天津：天津大学，2010.

四、国家政策文件

［1］国家教委，关于加强高等学校思想政治工作的决定，1986.

［2］教育部，《高等学校辅导员职业能力标准（暂行）》，2014.

［3］教育部，关于高校辅导员队伍建设的规定，2006.

［4］教育部，关于加强和改进高等学校辅导员、班主任队伍建设的意见，2005.

［5］教育部，关于启动高等学校教学质量与教学改革工程精品课程建设工作的通知，2003.

［6］教育部，《关于在高等学校有重点地试行政治工作制度的指示》，1952.

［7］教育部，全国普通高等学校暂行工作条例，1978.

［8］教育部、共青团中央印发，关于加强高等学校学生思想政治工作的意见，1980.

［9］教育部党组，《关于进一步加强高等学校学生思想政治工作队伍建设的若干意见》，2000.

［10］中共中央，关于改进和加强高等学校思想政治工作的决定，1987.

［11］中共中央、国务院，《关于进一步加强和改进大学生思想政治教育的意见》，2004.

［12］中共中央批转高等教育部党组，关于加强高等学校政治工作和建立政治工作机构试点问题的报告，1964.

［13］中共中央批准，教育部直属高等学校暂行工作条例（草案），1961.

［14］中央宣传部、教育部，关于加强高等学校思想政治工作队伍建设的意见，1984.

五、其他类型文献

［1］黄小华."四有""四个引路人""四个相统一"好教师的标准［N］.光明日报，2017-4-2（06）.

［2］阮一帆.创新思想政治教育［N］.人民日报，2016-08-22（　）.

［3］习近平.做党和人民满意的好老师：同北师大师生代表座谈时的讲话［N］.人民日报，2014-09-10（01）.

［4］杨晨光.首批高校辅导员培训基地确定［N］.中国教育报，2007.

［5］中共中央国务院印发《关于加强和改进新形势下高校思想政治工作的意见》［N］.人民日报，2017-02-28（01）.

［6］教育部关于印发陈至立国务委员、周济部长在全国高校辅导员队伍建设工作会议上的讲话的通知（教思政〔2006〕　号）［Z］.2006（7）.

［7］关于加强高等学校辅导员班主任队伍建设的意见（教社政〔2005〕2号）［Z］.2005-01-13.

［8］国家职业分类大典修订工作委员会.中华人民共和国职业分类大典［Z］.北京：中国劳动社会保障出版社，中国人事出版社，2015.8.

［9］国务院办公厅关于切实解决高校贫困家庭学生困难问题的通知（国办发〔2004〕68号）［Z］.2004-9-3.

［10］教育部办公厅关于加强高校辅导员基层实践锻炼的通知（教思政厅函〔2013〕38号）［Z］.2013-12-17.

［11］教育部办公厅关于开展普通高等学校辅导员队伍建设情况自查工作的通知（教思政函〔2011〕4号）［Z］.2011-03-03.

［12］教育部办公厅关于印发《2006—2010年普通高等学校辅导员培训计划》的通知（教思政厅〔2006〕2号）［Z］.2006-07-30.

［13］中共教育部党组关于印发《普通高等学校辅导员培训规划（2013—2017年）》的通知（教党〔2013〕9号）［Z］.2013-5-3.

［14］教育部关于印发《高等学校辅导员职业能力标准（暂行）》的通知（教思政〔2014〕2 号）［Z］.2014-03-25.

［15］教育部思想政治工作司.加强和改进大学生思想政治教育重要文献选编（1978—2008）［G］.北京：知识产权出版社，2015-11.

［16］普通高等学校辅导员队伍建设规定（教育部令第 43 号）［Z］.2017-09-29.

［17］中共教育部党组关于认真学习宣传贯彻党的十七届六中全会精神的通知（教党〔2011〕33 号）［Z］.2011-10-22.

［18］中共中央、国务院关于进一步加强和改进大学生思想政治教育的意见（中发〔2004〕16 号）［Z］. 2004-10-15.

［19］中共中央组织部、中共中央宣传部、中共教育部党组关于加强和改进高校青年教师思想政治工作的若干意见（教党〔2013〕12 号）［Z］.2013-05-28.

［20］中国大百科全书［Z］.北京：中国大百科全书出版社，1991.

后记

本人长期在辅导员一线从事思想政治教育工作，深刻体会到辅导员的工作不易和发展困境，这种困难来自政策、学校等外部因素，也来自自己。同时高职院校学生的特殊性，又为高职院校辅导员带来更大挑战。如何在育人和自身成长中找到发力点，突破制度瓶颈，在提升高职院校学生专业技能的同时，做好高职院校学生的思想引领，切实培养符合中国特色社会主义建设要求的专业技术型人才，助力中国经济高质量发展，是我一直以来思考和探究的重点。

由于我国的高职教育存在起步较晚、发展较缓、区域与校际不平衡等诸多问题，高职院校的辅导员队伍建设跟不上普通高校辅导员队伍建设，辅导员队伍建设、职业化发展滞后于高职教育快速向前迈进的步伐。在当前高职院校规模扩大与学生特点不断变化的双重背景下，中共中央、国务院在政策层面对新时代大学生思想政治教育、辅导员队伍建设和职业素质提升方面提出了更高的要求。加强对辅导员职业能力提升的研究，对提升社会对辅导员岗位的认可，增强辅导员自我效能感和职业认同感，提高辅导员队伍的专业素质，保持辅导员队伍的稳定性具有重要意义；对于学生的成长成才和全面发展，为国家培养社会主义接班人，贯彻落实科教兴国战略、人才强国战略和可持续发展战略，加快推进社会主义现代化具有重大而深远的战略价值。因此，道阻且长，我庆幸自己已在这条研究之路上。

本研究以 7 省（自治区）15 个高职院校的问卷调查数据为基础，这些高职院校分布广，涉及的辅导员多，由于疫情防控，只能采用电子问卷和电话访谈的方式进行，对深入收集研究素材带来一定困难。且囿于学术素养和个人视野，本人在研究方法和样本选择上存在一定局限性，以上均需要在后续研究中进一步完善。未来，本人将更注意样本抽取的充分性、有序性和规范性，以提高样本的代表性，最大限度地减少抽样对研究结论的影响；也将更全面地了解高职院校辅导员职业能力及影响因素，善于应用多种研究方法，如使用个案研究法对辅导员职业能力现状和影响因素进行分析与挖掘，全面探索学校、学院、个体、职业认同、职业能力之间的关系。同时需要跨学科，使用心理学、教育学、社会学、组织学等多学科理论和研究方法进行探索，从不同学科视角分析现象、剖析问题，更深入地挖掘影响高职院校辅导员职业能力的心理作用机制、社会因素、组织管理因素等，多维度探索高职辅导员职业能力的影响因素和作用路径。

在本研究中，感谢来自广东等7省（自治区）15所高职院校的1062名辅导员，他们都是本研究的直接参与者。很多辅导员老师牺牲个人时间参与问卷和访谈调查，研究中涉及的辅导员职业能力发展问题就是他们工作生活中遇到的实际困难，他们非常希望本书形成的研究成果能对辅导员队伍建设有积极作用。感谢华中师范大学教育学院院长、博士生导师雷万鹏教授给予我的精心指导。雷教授渊博的知识、丰富的实践经验，以及高瞻远瞩、敏锐的科学眼光，常使我醍醐灌顶。感谢深圳职业技术大学各位领导的大力支持，感谢学生处和全体辅导员老师的全程参与，他们为问卷的制定和调查做了大量实际工作，并提出真知灼见。同时也感谢湖南大学出版社，源于对辅导员队伍建设和职业教育的关心和支持，他们选择出版此书。

新时代职业教育必须承担起培养具有创新精神、复合型技能和完满人格人才的历史重任，完善德技并修、工学结合的培养模式，培养服务于区域发展的高素质技术技能人才、大国工匠和能工巧匠，最终实现人才培养目标由技术技能型向复合创造型的转换。我热切地期望本研究在高职院校辅导员职业能力提升及高职院校辅导员队伍建设中结出硕果，并做出应有的贡献；也希望读者不吝赐教，以便我们不断提高水平，共同努力，造就一支师德高尚、业务精湛、充满活力的高素质专业化辅导员队伍，让更多高职院校的辅导员在职业化道路上绽放光彩！